Körpererfahrung und Körperkontakt

Franz Mittermair

Körpererfahrung und Körperkontakt

Spiele, Übungen und Experimente für Gruppen, Einzelne und Paare

Franz Mittermair: Körpererfahrung und Körperkontakt.
Spiele, Übungen und Experimente für Gruppen, Einzelne und Paare
ISBN 10: 3-89403-137-9
ISBN 13: 978-3-89403-137-4
1. Auflage 2006

Umschlaggestaltung:
Mathias Hütter, Schwäbisch Gmünd

Bibliographische Information der
Deutschen Bibliothek
Die Deutsche Bibliothek verzeichnet diese Publikation in der
Deutschen Nationalbibliographie;
detaillierte bibliographische Daten sind im Internet
über http://dnb.ddb.de abrufbar.

INHALT

VORWORT

Viele Jahre bin ich schon in der Jugendarbeit tätig, seit einiger Zeit auch in der Erwachsenenbildung. Ebenso lange bin ich auf der Suche nach Möglichkeiten, unseren Körper mehr in die Arbeit mit Jugend- und Erwachsenengruppen einzubeziehen.
In Jugendarbeit und Erwachsenenbildung spielt unser Körper traditionell eine größere Rolle als beispielsweise in der Schule: Bei der Arbeit mit Jugendgruppen hat das Spiel einen hohen Stellenwert, in der Erwachsenenbildung gehören Yoga, autogenes Training und Ähnliches zum Standardrepertoire. Was aber bisher weitgehend fehlt, ist eine Sammlung von Spielen, Übungen und Experimenten, die dabei helfen, die Einheit von Körper und Geist spielerisch weiterzuentwickeln, mit dem Körper zu lernen und dabei mit anderen zusammen Freude zu erleben. Eine solche Sammlung enthält dieses Buch.

Die Übungen, die hier zusammengestellt sind, stammen nur zu einem geringen Teil von mir selbst. Die meisten habe ich irgendwo bei Fort- und Ausbildungen «aufgeschnappt» oder bei der Zusammenarbeit mit Kollegen kennen gelernt. Deshalb kann ich auch nur selten Quellen angeben.
Viele dieser Übungen kommen ursprünglich aus dem Bereich der humanistischen Psychologie. Ich habe aber nur solche ausgewählt, die auch ohne Therapieausbildung des Leiters bei der pädagogischen Arbeit einsetzbar sind.
Alle Übungen habe ich selbst ausprobiert, meist in Fortbildungen für Mitarbeiter der Jugendarbeit und in Seminaren mit Jugendlichen zu den verschiedensten Themen.[1] In Kursen zur politischen Bildung zum Beispiel setze ich vor allem Lockerungsübungen, Kennenlern- und Abschiedsspiele ein, in Selbsterfahrungs- und Körpererfahrungs-Seminaren wende ich die gesamte Bandbreite der hier geschilderten Methoden an.
Da Methoden und Ziele untrennbar miteinander verbunden sind, habe ich nicht nur die verschiedenen Spiele und Übungen aneinander gereiht, sondern auch meine Gedanken zur Zielsetzung der Körperarbeit und zu den näheren Umständen des Einsatzes dieser Methoden beschrieben. Der Sinn der Übungen wird erst durch diese theoretischen Überlegungen wirklich verständlich. Die «Theorie» habe ich übrigens so allgemeinverständlich beschrieben, wie es mir möglich war. Ich hoffe, ich habe dabei nicht zu sehr vereinfacht.

Noch ein kleines Problem, das am besten im Vorwort geklärt wird: das «Er-du-sie-man-ich»-Problem. Weder spreche ich jeden Menschen gern mit «Du» an, noch jeden gern mit «Sie». Da ich jedoch den Leser manchmal direkt anspreche, musste ich mich entscheiden. Ich bitte um Verständnis, dass ich den Weg wählte, den Leser «du» zu nennen.
Ebenso bitte ich den, der es nicht gewohnt ist, um Verständnis dafür, dass meine Person in diesem Buch öfters

auftaucht. Es steht also oft «ich», wo sonst «man» stünde. Ich halte es für ehrlicher.

Und schließlich bitte ich alle Frauen dafür um Entschuldigung, dass ich der Einfachheit halber, so wie es in unserer Sprache üblich ist, die männliche Form wählte, wenn ich Menschen beiderlei Geschlechts meinte.

Ich danke allen Teilnehmern meiner Kurse für die Erfahrungen, die sie mir ermöglichten, und allen Kollegen und Lehrern für das, was sie mir zeigten, sowie für ihre Kritik und Unterstützung. Und nun wünsche ich dem Leser genauso viel Spaß und wichtige, schöne Erfahrungen mit den Spielen und Übungen, wie ich sie in meiner Arbeit erlebe.

Franz Mittermair

VORWORT ZUR NEUAUFLAGE 2006

Es gibt einen guten Grund, dieses Buch über zwanzig Jahre nach dem ersten Erscheinen neu aufzulegen: Es ist noch immer aktuell.

Auch heute unterstütze ich Menschen dabei, sich weiterzuentwickeln – in intensiven Seminaren zur Persönlichkeitsentwicklung wie der «Heldenreise», bei Aus- und Weiterbildungen in Gestalt- und Körperarbeit und im Managementtraining. Und nach wie vor sind die Übungen in diesem Buch eine wertvolle Hilfe dabei.

In den letzten Jahrzehnten ist das Bewusstsein gewachsen, dass ein ganzheitlich gesunder Mensch aus Körper, Emotionen und Geist besteht und dass bei ihm alle Ebenen der Persönlichkeit lebendig und integriert sind. Da unser Schulsystem jedoch weiterhin fast ausschließlich die kognitive Ebene ausbildet, haben die meisten Menschen in den anderen Bereichen Nachholbedarf.

Vor allem die östlichen Systeme der Körperarbeit wie Yoga oder Qigong fanden weite Verbreitung. Immer noch sehr selten sind jedoch Anleitungen, wie Körperkontakt in Gruppen erlebt werden kann. Es geht um normale Berührung und wie sie den einzelnen Menschen, Paare und Gruppen bereichert.

Franz Mittermair

Informationen über Seminare mit
Franz Mittermair sind erhältlich bei:
Institut für Gestalt und Erfahrung
Kormoranweg 23
D-83512 Wasserburg
Tel. +49-8071-103 489
Fax +49-8071-103 490
info@gestalterfahrung.de
www.gestalterfahrung.de

1. EINLEITUNG

Unter «Körperkontakt» wird meist die Berührung zwischen Menschen verstanden. Auch für mich steht dieser Begriff für die dichteste und unmittelbarste unserer Kommunikationsformen. Körperkontakt zu anderen Menschen ist für uns von grundlegender Bedeutung. Ich möchte diesen Bereich allerdings noch etwas zurückstellen und erst im zweiten Teil der Einleitung besprechen. Hier meine ich mit «Körperkontakt» zunächst die Verbindung zum eigenen Körper, die Wahrnehmung dessen, was in ihm vorgeht, die Bewusstheit der Gefühle, die ihn bewegen.

KONTAKT ZUM EIGENEN KÖRPER

Wenn ich sage: «Ich habe Kontakt zu meinem Körper», dann mache ich neben der eigentlichen Aussage zwei problematische Feststellungen. Erstens sage ich damit, dass ich von meinem Körper getrennt bin, dass ich und mein Leib zweierlei sind, dass das «Ich» unabhängig vom Körper existiert. Wenn ich von «meinem» Körper rede, so sage ich zweitens, dass ich ihn besitze, ihn manipulieren kann und vielleicht auch das Recht habe, ihn zu benutzen, wozu immer ich will.

Ich möchte und kann hier nicht die Frage klären, ob der menschliche Geist auf die bloße Tätigkeit des Gehirns reduziert werden kann oder ob das «Bewusstsein» des Menschen nur in seinem Körper wohnt und auch unabhängig von ihm existieren kann. Feststellen kann ich aber, dass unser Fühlen, Denken und Handeln weit mehr vom Zustand unseres Körpers geprägt sind, als wir normalerweise annehmen.

Viele Menschen sind kaum in Kontakt mit ihrem Körper, mit sich selbst. Manche sehen in ihm nur einen mehr oder weniger gut funktionierenden Untersatz zur Versorgung und Bewegung ihres Gehirns. Diese «Maschine» wird kaum wahrgenommen, es sei denn, sie macht Schwierigkeiten. Dann lässt man sie so schnell wie möglich reparieren. Krankheit wird nur als Störung gesehen, nicht als Signal, als Zeichen oder Hilferuf. Manchmal wächst sich die Distanz zwischen «Ich» und Körper zu einer offenen Feindschaft aus.[2] Die elementaren Bedürfnisse des Körpers wie Bewegung und Entspannung, Lust und Zärtlichkeit werden kaum wahrgenommen, geschweige denn befriedigt.

Distanz und Feindschaft gegenüber dem Körper sind nicht nur beim Einzelnen zu finden. In gewisser Hinsicht sind sie Grundlage unserer abendländischen Kultur. Als «zivilisiert» wird ein Mensch betrachtet, wenn er seine animalische Seite, seinen Körper (mit dem er Teil der Natur ist) und dessen «niedere» Triebe, Gefühle usw. so weit wie möglich überwindet oder, anders ausgedrückt, möglichst vollständig verdrängt. Diese Abspaltung des Körpers führte auch zum Verlust des Wissens über die Zusammenhänge, die gegenseitige Abhängigkeit von Körper und Geist. Unsere Sprache hält dieses Wissen jedoch noch fest. An Menschen, die «hartnäckig» oder «halsstarrig» sind, ist die Entsprechung von Einstellung bzw. Verhalten und Körperbild oft klar erkennbar. Sie haben wirklich verhärtete Nacken- oder Halsmuskeln. Manchen sieht man auch auf den ersten Blick an, dass sie nichts «auf die leichte Schulter» nehmen. Von Menschen, die sich immer und überall anpassen, sagt man, sie hätten kein Rückgrat. Und der «aufrechte Gang» fehlt vielen tatsächlich.

Ron Kurtz und Hector Prestera zeigen in ihrem Buch «Botschaften des Körpers» [3] anhand Dutzender Beispiele, wie unser Denken und Fühlen mit unserem Körper zusammenhängen. Wir fühlen mit dem gesamten Körper. Auch die Doppeldeutigkeit des Wortes «fühlen» zeigt, dass unsere Sprache das Wissen über die innige Verwobenheit von Körper, Emotionen und Geist widerspiegelt. Beeinträchtigungen unseres Körpers in Form chronischer Muskelspannungen begrenzen unsere Fähigkeit zum Fühlen und zum Denken. Diese Muskelspannungen sind die Verkörperung unserer Geschichte.

Wir reagieren zum Beispiel in Situationen, die uns Angst machen, damit, dass wir die Schultern hochziehen und die Nackenmuskeln anspannen. Dann «sitzt uns die Angst im Nacken». War irgendwann im Leben eines Menschen die Angst übermächtig (zu stark oder zu lange andauernd), so kann die situationsbedingte Muskelspannung zur Verspannung werden, und die Angst bleibt «sitzen». Das Gehirn kann sie schon längst vergessen haben. Der Körper aber erinnert sich. Und Ängstlichkeit bleibt möglicherweise ein «Charakterzug» dieses Menschen. Wir alle tragen eine Menge solcher «Erinnerungen» in unserem Körper herum. Fühlen, Denken und Handeln hängen also eng mit unserem Körper zusammen. Seine Grenzen bilden auch die Grenzen des Geistes.

Die Methoden, die in diesem Buch beschrieben werden, haben unter anderem das Ziel, diese körperlichen Grenzen und damit auch die geistigen Möglichkeiten zu erweitern. Man könnte diesen Punkt mit dem Begriff «Befreiung» beschreiben. Es geht um Freiheit des Körpers und des Geistes. Diese hängt zusammen mit körperlicher Beweglichkeit. Beweglichkeit wird sicherlich auch von biologischen Faktoren eingegrenzt. Dazu gehören unter anderem die Erbanlagen und der natürliche Alterungsprozess. Die Bedeutung dieser Einflussgrößen wird jedoch meist erheblich überschätzt.

Kaum ein Mensch nutzt die Spannweite, die er zur Verfügung hat, auch nur annähernd aus. [4] Ein Ziel unserer Arbeit ist also Abbau von Beschränkungen der körperlichen und geistigen Beweglichkeit. Positiv formuliert ist «Freiheit für persönliches Wachstum, Entfaltung der im Menschen liegenden Möglichkeiten» das Ziel. Idealbild ist der freie, authentische Mensch, der im Einklang mit sich selbst lebt, seine Gefühle zulassen und seine Handlungen verantworten kann. Der Weg dorthin führt über den Kontakt zum eigenen Körper, über die Bewusstheit dessen, was in ihm vorgeht. Die Begriffe «Entspannung», «Sensibilisierung» (feinfühlig werden), «Meditation», «energetische Mobilisierung» und «Ausdruck» können diesen Weg genauer beschreiben. Zu den einzelnen Begriffen:

Entspannung

In unserer «zivilisierten» Welt stehen Geist und Körper unter dauernder Anspannung. Die Anforderungen der Industriegesellschaft versetzen uns körperlich wie geistig in «Alarmbereitschaft». Dieser Zustand wäre an sich nicht problematisch. Er ist es aber, wenn er nicht nachlässt. Unser Körper reagiert in drei Phasen auf diese Überforderung, die wir Stress nennen [5]: In der ersten Phase, der Alarmreaktion, versucht der Körper, seine Energie zu mobilisieren und auf die Anforderung zu reagieren. Gelingt dies, so geht er wieder in einen ausgeglichenen Ruhezustand über. Gelingt es nicht, weil die Anspannung weiter anhält, so versucht er, sich dem Stress anzupassen, ihn in Schach zu halten. Dies führt zu chronischen Muskelverspannungen und kostet sehr viel Energie. Die dritte Phase ist der Zusammenbruch, der eintritt, wenn die Energie nicht mehr ausreicht, den Stress im Zaum zu halten. Die meisten Menschen leben in unserem Kulturkreis in der zweiten Phase. Sie haben chronische Verspannungen in großen Muskelbereichen (vor allem Schultern, Nacken, unterer Rücken und Beine sowie Magen), da sie versuchen, den Stress zu ertragen (Schultern), durchzustehen (Beine) oder die Probleme zu schlucken (Magen). Sie wenden eine Unmenge Energie auf, um nicht zusammenzubrechen. Meist ist dieser Zustand nicht einmal bewusst. Die Betreffenden klagen nur über Kopfschmerzen, haben Rücken- oder Magenprobleme oder sind anfällig für Knie- oder Knöchelverletzungen. Tragisch ist, dass diese chronischen Muskelanspannungen meist bestehen bleiben, auch wenn ihre Ursachen nicht mehr vorhanden sind.
Entspannung ist der Weg, diese Verspannungen wieder zu spüren und langsam abzubauen. Falls die Ursache für die Anspannung nicht mehr vorhanden sein sollte, so kann diese in kurzer Zeit völlig verschwinden. Ist die Ursache, wie z. B. die beruflichen Anforderungen, noch immer wirksam, so kann die Entspannung zu der Erfahrung führen, dass wir unseren Alltag auch spielerischer und lockerer bewältigen können. Es steht uns viel mehr Energie dafür zur Verfügung, wenn wir sie nicht für die Erhaltung der Blockierungen verschwenden. Oft werden wir bei den Übungen in der Gruppe lockerer, verspannen uns aber im Alltag sofort wieder. Doch diese Erfahrung kann ein Antrieb sein, unsere Situation zu verändern.

Sensibilisierung

Mit den vorher geschilderten Verspannungen geht einher, dass wir unseren Körper immer weniger spüren. Auch andere Faktoren wie Nichtgebrauch oder Missbrauch des Körpers, geistige oder emotionale Schwierigkeiten können dazu führen, dass wir Teile unseres Körpers weniger oder gar nicht mehr wahrnehmen oder unsere Feinfühligkeit für den ganzen Körper nachlässt. Teile des Körpers sowie die Verbindungen zwischen ihnen verlieren sich langsam aus dem Körperbild, wenn sie nicht benutzt werden. Sexuelle Ängste und andere sexuelle Probleme können dazu führen, dass die Geschlechtsorgane aus dem Körperbild verschwinden oder nur blass repräsentiert sind. Wir sind unter Umständen nicht in der Lage, ohne Hinsehen oder Berühren ihre Gegenwart zu spüren. Eine schizophrene Person kann ihre Körperempfindungen so vollständig verlieren, als ob die Nerven abgestumpft wären.[6]

Folge dieser mangelnden Feinfühligkeit, dieses fehlenden Körpergefühls, ist unter anderem, dass wir recht ineffektiv handeln, da wir immer in Übereinstimmung mit dem Bild agieren, das wir von unserem Körper haben. Dieses weicht aber unter Umständen recht weit vom objektiven Zustand des Körpers ab. Eine andere Folge kann sein, dass wir unseren Körper falsch behandeln, mit Suchtmitteln vergiften, überfordern usw., da wir nicht mehr spüren, was ihm gut tut und was er braucht. Übungen zur Sensibilisierung sollen den Kontakt zu unserem Körper wiederherstellen oder verbessern. Wichtig ist vor allem die Feinfühligkeit für abgespaltene, vernachlässigte Regionen des Körpers. Ziel ist die klare Bewusstheit des ganzen, integrierten Körpers.

Meditation

Meditation geht über Sensibilisierung hinaus. Letztere bezieht sich auf den physischen Körper des Menschen, erstere auf seine «Mitte», oder, wie Graf Dürckheim, ein bekannter Meditationslehrer, es formuliert, auf «sein Wesen, genauer gesagt, das in seinem Wesen anwesende, transzendente Sein, das in ihm und durch ihn offenbar werden möchte in der Welt».[7]

Ohne Verbindung zu unserer Mitte, unserem «eigentlichen Sein», fühlen wir uns hohl, so, als würden wir nur aus einer Hülle bestehen. Uns fehlt die Erfahrung einer grundsätzlichen «Identität».

Keine Übung in diesem Buch kann als Meditation bezeichnet werden. Die von mir beschriebenen «meditativen Übungen» sind Vorstufen zur Meditation, zur Versenkung. Sie dienen der Entspannung des Körpers, der Beruhigung des Geistes, um damit Raum zu schaffen für Stille, für Leere. Der «Lärm» des dauernden «Selbstgespräches» in unserem Kopf, in unserem Bewusstsein, soll verringert werden, da er die feineren Signale unserer «Mitte» übertönt.

Energetische Mobilisierung

Zu den körperlichen Verspannungen, dem wenig entwickelten Körper-Gefühl und der fehlenden Verbindung zur «Mitte» kommt noch, dass die meisten Menschen auf einem sehr niedrigen Energieniveau leben. Was alles unter «Energie» verstanden werden kann, werde ich später skizzieren (siehe S. 78). Hier genügt zu sagen, dass sie stark mit unserer Atmung zusammenhängt.

Ursache für das niedrige Energieniveau kann sein, dass zu viel Energie vergeudet wird. Muskelverspannungen aufrechtzuerhalten, wie im Abschnitt «Entspannung» schon geschildert, kostet Kraft. Zusätzlich ist es sehr mühsam, sich trotz dieser Blo-

ckierungen zu bewegen. Der permanente Kampf gegen uns selbst verschlingt viel Energie.
Wir nehmen aber auch zu wenig Lebenskraft auf. Ursache dafür ist, dass wir irgendwann einmal, meist in der frühen Kindheit, mit unseren Gefühlen nicht zurechtgekommen sind. Eine einfache und sehr wirkungsvolle Methode, Gefühle zu drosseln, besteht darin, weniger Energie aufzunehmen, indem wir weniger atmen. Dieser niedrige Energiepegel behindert uns. Wir fühlen uns schlapp, müde, die Augen sind stumpf, die Haut fahl.
Leider kann man nicht einfach mehr atmen. Chronische Verspannungen, beispielsweise des Zwerchfells, der Brust- und Rückenmuskulatur oder im Bereich der Kehle, schränken unseren Atemraum und unsere Atemwege ein. Verschiedene Übungen, Spiele und Experimente in diesem Buch versuchen, das Problem über zwei mögliche Wege anzugehen. Einer davon ist, die Muskelblockaden abzubauen, die eine tiefe Atmung oder den freien Energiefluss im Körper verhindern. Der andere ist, die Erfahrung einer tieferen Atmung zu ermöglichen und damit den Körper in die Lage zu versetzen, diese tiefe Atmung zu festigen und als Gewohnheit zu übernehmen.

Ausdruck

Wenn unser Energiepegel steigt, kann das ganz schön unangenehm werden. Dann nämlich, wenn wir nicht wissen, was wir mit unserer Kraft anfangen sollen. Leider machen uns nicht nur unangenehme Gefühle Angst, sondern oft auch angenehme. Viele Menschen haben Angst vor Lust, vor dem Pulsieren ihres Körpers, vor «freudiger Erregtheit». Und so macht sich ein hoher Energiepegel bemerkbar.
Diese Angst kann abgebaut werden, wenn die Lebenskraft Ausdruck findet. Ein wichtiges Ziel der hier geschilderten Körperarbeit ist deshalb die Förderung der Expressivität, des Körperausdrucks. Ob wir unserer Lebenslust, unserer Energie befriedigend Ausdruck verleihen können, hängt stark mit unserer Beziehung zu den Mitmenschen zusammen; denn der Ausdruck ist meist irgendwie auf sie ausgerichtet. Eine sehr aufregende und erregende Form des Körperausdrucks ist der direkte Kontakt zu anderen Menschen, der Körperkontakt mit ihnen. Damit wären wir bei der anderen Bedeutung dieses Begriffs angelangt.

KÖRPERKONTAKT MIT ANDEREN MENSCHEN

Wie wichtig der Körperkontakt mit anderen Menschen für uns ist, haben die Arbeiten einiger Wissenschaftler in den letzten Jahrzehnten gezeigt. Seit René Spitz ist allgemein bekannt, dass der Mensch, zumindest in der ersten Phase seines Lebens, außerhalb des Mutterleibes ohne affektive Zuwendung nicht überleben kann, die in dieser Zeit fast gleichbedeutend ist mit sensorischer Stimulierung, d. h. mit Berührung. [8]
Laut Ashley Montagu nimmt ein Kind zuerst mit der Haut wahr. [9] Wenn eine Mutter ihr Kind streichelt, liebkost, mit ihm schmust, es stillt, wiegt und trägt, so sind diese Formen

von Körperkontakt die Kommunikationsmittel, mit denen sie ihre Liebe ausdrückt. Wenn das Kind an unzureichender Stimulierung leidet, so bedeutet dies das Versagen der Erfahrung, dass es geliebt wird. Noch als Erwachsener hat es mit den Folgen zu kämpfen: mangelndes Selbstwertgefühl, Kontaktschwierigkeiten, Hemmungen in der Beziehung zu anderen, die Unfähigkeit, selbst Liebe zu geben, eine erhöhte Anfälligkeit für psychosomatische Krankheiten usw. Leider haben die wenigsten von uns in ihrer Kindheit genügend Zärtlichkeit erfahren. Die Bedeutung des Körperkontaktes wurde lange Zeit von Ärzten, Psychologen und Pädagogen völlig unterschätzt.

In den Geburtskliniken war es früher üblich, dass die Neugeborenen sofort von den Müttern getrennt, in Säuglingszimmer gebracht und dort in Betten abgelegt wurden. Die Mütter bekamen ihre Kinder nur zu festen Fütterungszeiten in die Hände, falls nicht sogar das Stillen verpönt war und die Fütterung von Schwestern erledigt wurde. Erziehungsratgeber empfahlen, Kinder nicht in die Arme zu nehmen, wenn sie schrien, sie zu festgelegten Uhrzeiten zu füttern, sie nicht dadurch zu «verwöhnen», dass man sie zu häufig anfasste oder streichelte. Glücklicherweise sind diese Zeiten vorbei.

Die Probleme setzen sich fort, wenn die Kinder älter werden. Körperkontakt ist häufig eher Erziehungsmittel in Form von Schlägen als Beziehungsmittel in Form von Zärtlichkeit. Sicherlich müssen Kinder manchmal ihre Beziehungen in aggressiver körperlicher Form klären, und es wäre für sie schädlich, täten sie es nicht. Kennen sie aber Körperkontakt fast nur als körperliche Gewalt, so wohl deshalb, weil sie es nicht anders gelernt haben. Und werden sie zu Jugendlichen und Erwachsenen, tritt eine neue Schranke zwischen sie und den Körperkontakt, den sie so nötig brauchen: die Sexualität. Das Hauptproblem dabei ist, dass das Bedürfnis nach Körperkontakt häufig gleichgesetzt wird mit dem Verlangen nach Sexualität. Es handelt sich jedoch dabei um zwei völlig verschiedene Antriebe. Das Bedürfnis nach Körperkontakt kann unter Umständen zum Verlangen nach Sexualität führen und umgekehrt. Beides hat aber zunächst nichts miteinander zu tun.

Erschwerend kommt hinzu, dass Sexualität zum Teil immer noch negativ bewertet wird und mit Schuldgefühlen belastet ist. So kann die Angst vor Sexualität verhindern, dass die Bedürfnisse nach Körperkontakt befriedigt werden. Die Angst vor Körperkontakt muss aber nicht notwendig Angst vor Sexualität sein. Auch Nähe kann für uns problematisch werden.

Haben wir als Kinder nicht das an Körperkontakt erhalten, was wir gebraucht hätten, so kann es schwer für uns sein, körperliche Nähe zu ertragen. Je nach persönlicher Geschichte kann auch die Angst vor Enttäuschung oder davor, «erstickt» zu werden, zum Tragen kommen.

Bei vielen Menschen halten sich die Angst vor Körperkontakt und die Sehnsucht danach die Waage. Dieser zerrissene Zustand ist sehr unangenehm. Oft wird das Dilemma zu lösen versucht, indem man allen Situationen aus dem Wege geht, die das tiefe Bedürfnis wieder spürbar werden lassen könnten. Die Folge ist der Verlust des lebendigen, aufregenden Kontakts zu anderen Menschen, eine allmähliche «Versteinerung», der Verzicht auf Lebendigsein, auf Leben. Glücklicherweise lässt sich dieser Prozess jedoch umkehren. Bei Körperkontakt-Übungen kann ich langsam wieder lernen, wie schön und befriedigend es ist, anderen Menschen nah zu sein; ich kann die Ängste allmählich ablegen, die verhindern, dass ich mir zugestehe und hole, was ich brauche, und ich kann erfahren, dass ich sehr wohl geliebt werde.

Kontakt zum eigenen Körper und zu anderen Menschen bedeutet Leben, die Trennung von mir und den anderen bedeutet Tod. Auf der einen Seite ist Bewegung, auf der anderen Stillstand. Hier ist Wärme, Vibrieren und Pulsieren, dort Kälte und Starre. Hier ist Aufregung, Abenteuer und die Freiheit zur Veränderung und zum Wachsen, dort ist Enge und Langeweile. «Dass er starb, beweist nicht, dass er gelebt hat», las ich vor kurzem an einer Betonmauer. Dieses Buch soll daran erinnern und dazu beitragen, dass es tatsächlich ein Leben vor dem Tod gibt.

2. SECHS KRITERIEN FÜR DIE AUSWAHL VON SPIELEN, ÜBUNGEN UND EXPERIMENTEN

Den richtigen Begriff, der die Methoden in diesem Buch genau beschreiben könnte, habe ich noch nicht gefunden. Das Wort «Übungen» trifft es nicht genau, da dabei selten etwas «eingeübt» wird. «Spiel» passt auch nicht ganz, da wir zwar mit Spaß, aber nicht immer nur zum Spaß «arbeiten». Und «Experiment» hört sich so wissenschaftlich an. Da ich das passende Wort noch nicht gefunden habe, verwende ich die genannten Begriffe (fast) wahllos.

Es ist nicht einfach, die Übungen nach Merkmalen zu unterscheiden. Mir sind sechs verschiedene Möglichkeiten eingefallen. Die Analyse der Merkmale ist für die Praxis sehr interessant, da sie Hinweise darauf gibt, in welcher Situation die einzelnen Übungen eingesetzt werden können. Ich nenne deshalb zu Beginn jeder Übung deren spezielle Merkmale. Diese bilden auch den Rahmen für die «Suchhilfe» im Anhang. Ich werde sie im Folgenden besprechen und dabei einige Bemerkungen zur Verwendung der Methoden anfügen.

Ein erstes, einfaches Merkmal ist die *Anzahl der Personen*, die jeweils gemeinsam arbeiten. Ich unterscheide Übungen, die jeder Teilnehmer für sich allein macht (Einzelübungen), sowie Paarübungen und Gruppenübungen mit drei oder mehr Teilnehmern pro Gruppe. Es gibt keine festen Regeln dafür, wann welche Übungen günstiger sind. Das hängt unter anderem von den Bedürfnissen der Gruppenmitglieder ab.

Ein zweites Unterscheidungsmerkmal bewegt sich auf der Linie *Sammlung – Ausdruck*. Ich unterscheide meditative Übungen, ruhige Erfahrungsübungen, Lockerungsübungen und Ausdrucksübungen. Ein paar Tipps zu ihrem Einsatz: Oft kommt es vor, dass einige Gruppenmitglieder sich austoben möchten, andere lieber meditative Übungen machen wollen. Beginne mit einigen lebhaften Spielen. Dann ist die Wahrscheinlichkeit groß, dass alle konzentriert an ruhigen Übungen teilnehmen können. Wenn die Gruppe eine längere Einheit mit Erfahrungsübungen gemacht hat, kann es günstig sein, mit Ausdrucksübungen abzuschließen.

Lockerungsübungen sind hervorragend geeignet, vor oder zwischen Arbeitseinheiten in den verschiedensten Gruppen (politische Bildung, Aktionsgruppen) Körper und Geist wieder auf Trab zu bringen. Sie sind universal einsetzbar.

Ein drittes Unterscheidungsmerkmal ist die *Intensität* der Übungen. Gemeint ist damit, wie stark die Übung Gefühle mobilisiert. Die Übungen sind so ausgesucht, dass sie normalerweise keinen direkten Zugang zum Unterbewussten schaffen. Die Gefahr ist also gering, dass verdeckte Traumata an die Oberfläche gelangen. Die Spanne reicht von problemlosen Übungen (geringe Intensität), die auch von relativ unerfahrenen Gruppen-

leitern eingesetzt werden können, über Übungen mittlerer Intensität bis zu solchen, bei denen vom Gruppenleiter ein großes Maß an Erfahrung und Verantwortung gefordert werden muss (große Intensität). Vergleiche dazu die Abschnitte «Grundentscheidungen» und «Kann bei dieser Körperarbeit etwas passieren?».
Wie intensiv die Übungen erlebt werden und welche Auswirkungen sie haben, hängt jedoch nicht nur von ihnen selbst, sondern auch von anderen Faktoren ab. Es macht einen Unterschied, ob der Leiter sie als «Spiele» oder als «sehr wichtige und tiefgehende Experimente» ankündigt (Erwartung). Einen großen Einfluss hat auch das Vertrauen der Gruppenteilnehmer in den Leiter und die Gruppe. Schließlich gibt es einfache Methoden, die Intensität zu steuern, z. B. die Augen zu öffnen, sich zu bewegen, wegzugehen (Ich-Kontrolle).
Das vierte Kriterium für die Auswahl einer Übung, sind die *Phasen*, die eine Gruppe durchläuft. Am Anfang steht das Kennenlernen, die Kontaktaufnahme. In der zweiten Phase, der «Anwärmphase«, geht es darum, die anderen tiefer kennen zu lernen, Vertrauen und Offenheit aufzubauen. Dies ist auch der Abschnitt, in dem sich die Regeln in der Gruppe herausbilden und die Rollen verteilt werden. Manche Autoren sprechen deshalb von «Konkurrenzphase».[10] Die dritte Phase ist der «normale» Bereich. Die Gruppenteilnehmer kennen sich, haben ein gewisses Maß an Vertrautheit miteinander. Ich nenne sie «Gruppenalltag». Die vierte Phase, die nicht alle Gruppen erreichen, ist der Zustand einer großen Vertrautheit und sehr geringen Scheu. Jeder darf sich geben, wie er ist. Bei Wochenendkursen wird dieser hohe Grad an Offenheit meist nicht erreicht.
Die letzte Phase ist der Abschied. Für das Kennenlernen und den Abschied gibt es spezielle Übungen und Spiele. Anwärmspiele und Übungen, die unter «Gruppenalltag» eingeordnet werden, können ohne weiteres, vor allem zur Auflockerung, auch in Gruppen mit sehr großer Vertrautheit eingesetzt werden. Hüte dich aber umgekehrt davor, mit Übungen aus dem letzten Bereich eine schnelle Vertrauensbildung erzwingen zu wollen. Du wirst die Gruppenmitglieder überfordern, und ihre kurz- oder langfristige Reaktion wird sein, sich zurückzuziehen.
Das fünfte Merkmal betrifft die *Körperteile*, die eine Übung anspricht. Es kann recht reizvoll sein, sich einige Stunden auf einen Körperbereich zu konzentrieren. Vor allem auf Bereiche, die wir sonst wenig beachten, wie den Rücken oder die Füße.
Das sechste und letzte Unterscheidungsmerkmal ist die *Länge* der Übungen. Dazu gibt es nichts weiter zu bemerken.

Noch ein paar Anmerkungen zum Umgang mit diesem Buch. Nimm die Übungsbeschreibungen bitte nicht zu wörtlich. Wenn es irgend möglich ist, lies sie auch nicht ab. Mache die Übungen einige Male selber. Dann geht es auswendig. Ändere die Übungen ab, experimentiere damit!
Wenn dir eine Übung neu ist, probiere sie erst einige Male mit einem Partner

aus, bevor du sie einer Gruppe vorschlägst. Einzelübungen kannst du dir vorlesen lassen oder auf Tonband sprechen. Schlage einer Gruppe nur die Übungen vor, bei denen du ein gutes Gefühl hast. Vertraue auf das, was dir dein Körper sagt!

Mache die Übungen in der Gruppe nach Möglichkeit selbst mit. Bei einigen Übungen schließt sich deine Beteiligung allerdings von selbst aus, bei anderen kannst du erst einsteigen, nachdem du die Anweisungen gegeben hast.

Bei manchen Übungen kann es besser sein, du beobachtest den Gruppenprozess. Wäge in der konkreten Situation ab, ob es wichtiger ist, selbst mitzumachen, oder ob es besser ist, außerhalb zu stehen, um den Überblick zu behalten und bei Problemen helfen zu können. Und wenn es bei Partnerübungen ohne dich «aufgeht», kannst du dich auch mal in die Ecke setzen.

Wichtig ist deine Beteiligung aus zwei Gründen: Erstens wird die Distanz zwischen dir und der Gruppe geringer, zweitens solltest du die Gruppe nie Übungen machen lassen, bei denen du dich selbst nicht beteiligen magst.

Verwende die Übungen eher sparsam und dosiert. Nicht der Gruppenleiter ist der beste, der an einem Wochenende die meisten Übungen «durchzieht». Qualität geht hier vor Quantität. Lass dir Zeit dafür, die Bedürfnisse der Gruppe zu erfahren und die Übungen gut vorzubereiten und zu erklären. Und das Wichtigste: Die Gruppenmitglieder brauchen ausreichend Zeit, um ihre Erfahrungen zu «verdauen», zu integrieren. Gib den Teilnehmern oft, zumindest nach jeder längeren Übung, Gelegenheit dazu, ihre Erfahrungen auszutauschen. Jede «unverdaute» Erfahrung ist eine Belastung. Kommen zu viele zusammen, können keine neuen Erfahrungen mehr aufgenommen werden. Im ungünstigeren Falle «liegen» sie den Teilnehmern noch lange «im Magen».

3. KENNENLERNSPIELE UND ANWÄRMÜBUNGEN

Um die «Theorie» besser verdauen zu können, jetzt zur Abwechslung etwas «Praxis». Was eignet sich besser zum Kennenlernen der Spiele und Übungen in diesem Buch, als Kennenlernspiele?

BODY JAZZ

Gruppenübung
Lockerungsübung
Mittlere Intensität
Anwärmen
Ganzer Körper
Mittlere Länge

Für dieses Warm-Up, das sehr schnell Kontakt innerhalb der Gruppe schafft, wird die CD «Initiation» von Gabrielle Roth benötigt (Track 6). Die Zeitangaben beziehen sich auf Rhythmuswechsel innerhalb dieses Stückes. Die Anleitung richtet sich an die Gruppe.

0:00 *Beweg dich zur Musik, räkle dich, strecke dich.*
0:40 *Such dir einen Partner. Aufgabe ist jetzt, mit einem bestimmten Körperteil in Kontakt zu deinem Gegenüber zu gehen. Wir beginnen mit dem Kopf. Eure Köpfe berühren sich und ihr schaut, wie ihr euch dabei bewegen könnt.*
2:20 *Verabschiede dich, suche dir einen neuen Partner. Jetzt sind die Schultern dran.*
3:50 *Such dir einen neuen Partner. Jetzt bleiben die Ellbogen beieinander. Seid kreativ. Welche Bewegungen sind euch jetzt möglich?*
6:20 *Wechselt wieder eure Tanzpartner. Dieses Mal berührt ihr euch mit den Händen.*
9:00 *Mit dem nächsten Gegenüber sind fließende Beckenbewegungen gefragt. Geht mit der Hüfte in Kontakt.*
11:20 *Probiert jetzt, was an Tanz möglich ist, wenn sich die Knie berühren.*
13:50 *In der letzten Runde berühren sich die Füße. Lasst noch einmal eure Phantasie spielen. Wie könnt ihr jetzt tanzen? Oder wie können eure Füße tanzen?*
15:30 *Ende*

Eine andere Möglichkeit besteht darin, die Teilnehmer jeweils etwa eine halbe Minute vor jedem Rhythmuswechsel allein tanzen zu lassen.

VERJÜNGUNGSLAUF

Gruppenübung
Lockerungsübung
Geringe Intensität
Anwärmen
Ganzer Körper
Mittlere Länge

Diese Warm-Up-Übung schafft in kürzester Zeit viel Kontakt und eine sehr lebendige Energie.

Geht durch den Raum... Stell dir vor, du bist uralt, vielleicht neunzig Jahre. Und du bewegst dich auch so, wie sich ein Greis in deiner Vorstellung bewegt. Wenn du jemandem begegnest, begrüßt ihr euch mit beiden Händen.
Jetzt bist du gute sechzig Jahre alt und gehst wie ein Mensch dieses Alters. Ihr begrüßt euch, indem ihr euch die linke Hand gebt.
Jetzt bist du vierzig, aktiv und munter. Beim Begrüßen gebt ihr euch die rechte Hand.
Nun bist du zwanzig Jahre alt. Du klopfst den anderen auf die Schulter. Du wirst immer jünger. Jetzt bist du fünfzehn. Wenn du auf jemanden triffst, versuchst du, ihn an einem ungewöhnlichen Körperteil zu berühren. Jetzt bist du sieben Jahre alt. Du versuchst, die anderen zu berühren, ohne dich selbst berühren zu lassen.

Gruppen, die schon etwas vertrauter sind, kannst du damit abschließen lassen, dass sie sich vorstellen, ein halbes Jahr alt zu sein, zu krabbeln und die Köpfe aneinander zu reiben.

GRIMASSENKAMPF

Gruppenübung
Lockerungsübung
Geringe Intensität
Ganzer Körper
Mittlere Länge

Bei dieser Übung können spielerisch Hässlichkeit und Wildheit ausprobiert werden. Sie eignet sich hervorragend dafür, Aggressionsarbeit vorzubereiten. Während der ganzen Übung oder ab der zweiten Phase sollte Trommelmusik aufgelegt werden (z. B. Gabrielle Roth and the Mirrors; CD Bones, Track 4).

Such dir einen Partner. Stellt euch einander gegenüber, geht etwas in die Hocke und stützt eure Hände auf euren Knien ab. Jetzt ist eure Aufgabe, möglichst hässliche Grimassen zu schneiden. Bewegt erst einmal nur das Gesicht. Wer ist der hässlichere, grässlichere von euch beiden? Keine Angst, die Grimassen bleiben euch nicht.
(Nach etwa drei Minuten:) Nun verabschiedet euch von eurem Partner, sucht euch einen neuen und stellt euch wieder gegenüber auf. Jetzt nehmt die Arme, die Hände und vor allem auch die Stimme dazu. Wenn ihr lachen müsst, dann macht aus dem Lachen Grimassen. Übertreibt hemmungslos.
(Nach etwa drei Minuten): Jetzt kommt der Kampf der Grimassen, jeder gegen jeden! Dieses Mal nimmst du den ganzen Körper und vor allem wieder die Stimme dazu. Geh von einem zum anderen und miss dich mit ihm. Wer hat die hässlichere, furchteinflößendere Grimasse? Wer hat mehr Energie? Vermeidet Körperkontakt, verletzt euch nicht.
(Wenn die Energie abflaut, nach ca. fünf bis zehn Minuten, Ende.)

ICH BIN MEIN BAUCH

Gruppenübung
Ausdrucksübung
Mittlere Intensität
Kennenlernen
Mittlere Länge

Dieses Spiel ist für alle Gruppen geeignet, die Selbsterfahrung oder Körpererfahrung zum Ziel haben. Die folgenden Anweisungen an die Gruppenmitglieder sind nur als Beispiel zu verstehen!

Bei diesem Kennenlernspiel könnt ihr in bildlicher Form der Gruppe so viel über euch mitteilen, wie ihr möchtet, und dabei eine Beziehung herstellen zwischen euch und einem Körperteil. Ihr versucht, euch mit einem Teil von euch zu vergleichen. Ich beginne, damit klar wird, wie das gemeint ist. (Beispiel: Ich bin der Franz, ich bin wie mein Bauch, ich schlucke zu viel. Manchmal bin ich etwas aufgebläht. Ich bin gern entspannt und weich. Weil ich dann aber verletzlich bin, bin ich manchmal auch angespannt und hart.)
Wichtig ist, dass ihr alles in Ich-Form sagt. Also nicht: Ich bin Johanna, ich bin wie meine Fußsohlen, auf denen wird dauernd herumgetreten, sondern: Auf mir wird dauernd herumgetreten.

TYPISCH, TYPISCH

Gruppenübung
Ausdrucksübung
Geringe Intensität
Kennenlernen
Ganzer Körper
Mittlere Länge

Dieses Spiel können so gut wie alle Gruppen (auch thematische) verwenden, um sich kennen zu lernen, einander näher zu kommen und die Situation aufzulockern.

Das Spiel gibt uns Gelegenheit, die Namen aller Mitspieler kennen zu lernen und dabei ein wenig unsere Wahrnehmung zu üben. Einer aus der Gruppe stellt sich jetzt vor, das heißt, er sagt z. B.: «Also, ich bin der Franz.» Dabei macht er irgendeine Bewegung. Entweder eine, die für ihn typisch ist oder eine beliebige, die ihm gerade einfällt. Alle anderen kopieren ihn so genau wie möglich. Macht alles nach, auch die Haltungen und Bewegungen, die dem Betreffenden vielleicht gar nicht bewusst sind. Alles ist interessant, vom schüchternen Lächeln übers Haareraufen bis zum Nasebohren. Sobald der Erste dran ist, beginnen wir sofort, ihn nachzumachen.

Es kann interessant sein, anschließend über die Erfahrungen der Teilnehmer bei diesem Spiel zu reden. Für manche ist es sehr überraschend, wenn ihnen ihre eigenen Gesten plötzlich in dutzendfacher Ausführung gegenüberstehen.[11]

So, und jetzt noch einen Tipp am Rande, der nichts mit Körperkontakt zu tun hat: Nach einem dieser beiden Spiele kennst du kaum die Namen aller Gruppenteilnehmer, und den anderen geht es wohl ähnlich. Ein äußerst einfaches Spiel zum Kennenlernen der Namen geht so: Du fängst an und sagst: «Ich bin der/die…, und du bist die Helga.» Jetzt ist Helga dran: «Ich bin die Helga, und du bist der Heinz.» Und so weiter, und so weiter, bis jeder alle Namen kennt.

Nach dem ersten Kennenlernen folgt die «Anwärmphase», sprich: das zweite, tiefere Kennenlernen. Die Zeit, in der die Gruppe miteinander «warm» wird, in der sich langsam Vertrauen bilden kann, in der sich die Gruppenmitglieder Stück für Stück öffnen. Im folgenden Abschnitt habe ich einige Spiele und Übungen zusammengestellt, die für diese Phase besonders geeignet sind, aber auch für Gruppen, die sich schon kennen, um nach Unterbrechungen wieder miteinander «warm» zu werden. Wenn die Gruppe gern zu spielen scheint, eignen sich sehr viele von den «Neuen Spielen» (New Games) für die Anwärmphase.[12] Folgende drei Spiele sind in den Neue-Spiele-Büchern nicht enthalten:

DENKMAL UND MASCHINE

Gruppenübungen
Ausdrucksübungen
Geringe Intensität
Anwärmen
Ganzer Körper
Mittlere Länge

Das «Denkmal» wird dadurch geschaffen, dass ein Gruppenmitglied ein anderes in irgendeine Position bringt, die längere Zeit durchgehalten werden kann. Dies geschieht nur mit den Händen, ohne Worte. Jeder Künstler wird anschließend selbst zum «Material»; er wird von einem weiteren Teilnehmer in das Denkmal eingefügt (Abb. 1). Der letzte Künstler hat die Aufgabe, dem Denkmal einen Namen zu geben.

Abbildung 1

Die Maschine wird genauso konstruiert. Nur bewegt sich jedes Teil in irgendeiner Weise und gibt ein Geräusch von sich. Je kompakter und beweglicher die Maschine und je besser das Zusammenspiel der Teile ist, desto schöner ist sie.

Neben Spielen verwende ich auch gern Kurzmassagen für die Phase des Einander-Näherkommens:

RÜCKEN-KLOPFEN
(Kurzmassage)

Paarübung
Erfahrungs- und Ausdrucksübung
Geringe Intensität
Anwärmen
Rücken
Mittlere Länge

Ein Partner steht mit leicht gebeugten Knien und hängenden Armen. Er lässt langsam den Kopf nach vorn auf die Brust fallen und beugt sich weiter Wirbel für Wirbel vornüber, bis der ganze Oberkörper entspannt hängt, ebenso Kopf und Arme. Sein Partner beginnt nun, den Rücken mit den Fingern, den Handballen oder den Handflächen abzuklopfen. Die Schläge sollten leicht und elastisch sein. Vor allem die Wirbelsäule und die Nierenregion müssen vorsichtig behandelt werden. Es ist schön, wenn Art, Tempo, Rhythmus und Stärke der Schläge variiert werden. Gegen Ende sollte der ganze Rücken mit großflächigen Streichbewegungen der ganzen Hände bedacht werden. Zum Abschluss legt der aktive Partner je eine Hand auf die Kreuzbeinregion und eine zwischen die Schultern des Partners und «atmet in die Hände» (vergleiche «Handauflegen»). Der passive Partner richtet sich ganz langsam, Wirbel für Wirbel, wieder auf. Die Partner tauschen kurz ihre Erfahrungen aus und wechseln.

PASSIVE ENTSPANNUNG
(Kurzmassage)

Paarübung
Erfahrungsübung
Geringe bis mittlere Intensität
Anwärmen
Ganzer Körper
Hauptübung

Diese Übung ist zwar nicht leicht zu beschreiben, aber sie ist sehr einfach und wirkungsvoll. Du kannst sie mit einem Partner aus dem Buch lernen und dann deiner Gruppe zeigen. Deshalb richten sich die Anweisungen an dich.

Dein Partner liegt am Boden auf dem Rücken, die Beine gestreckt nebeneinander, die Arme neben dem Körper. Er versucht, sich zu entspannen und während der ganzen Übung nichts von sich aus zu bewegen, nur loszulassen. Du setzt dich zuerst zu seinen Füßen. Beginne an einem Bein. Nimm den Fuß in deine Hand und bewege ihn mit der anderen Hand hin und her, nach vorn und nach hinten, so dass er sich im Fußgelenk bewegt. Mach dies sanft, ohne Gewalt. Bei Widerständen mache Halt. Wenn dein Partner den Fuß von sich aus bewegt, halte inne und beginne wieder mit leichteren Bewegungen. Wichtig ist, dass dein Partner spürt, wo Widerstände sind, wo seine Muskeln angespannt sind und welche Bewegungen er von sich aus macht, wo er nicht loslässt.

Nach dem Fußgelenk kommt das Knie. Lege eine Hand in die Kniekehle und hebe das Knie hoch. Die andere Hand bleibt am Fußgelenk (Abb. 2). Nun «probiere» das Kniegelenk aus. Natürlich nur, soweit es beweglich ist. Strecke das Bein langsam. Die Bewegung darf für deinen Partner unter keinen Umständen schmerzhaft sein. Das wäre der Entspannung sehr abträglich.
Nun folgt das Hüftgelenk. Halte das Bein wie bisher an Knie und Fuß, aufgestellt und lehnt über das andere Bein; 2. der Oberschenkel ist zur Brust des Partners geneigt; 3. er zeigt nach außen, vom anderen Bein weg; 4. das Knie ist gestreckt, das Bein fast am Boden usw.
Nach dem Kreisen kannst du das gestreckte Bein noch an der Hose (eine Hand am Ober-, eine am Unterschenkel) etwas vom Boden anheben und nach verschiedenen Richtungen bewegen (auch in Richtung Rumpf und vom Rumpf weg). Lege das Bein nun

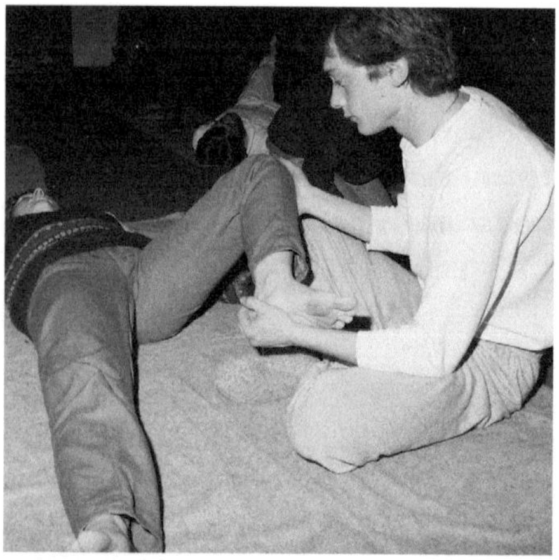

Abbildung 2

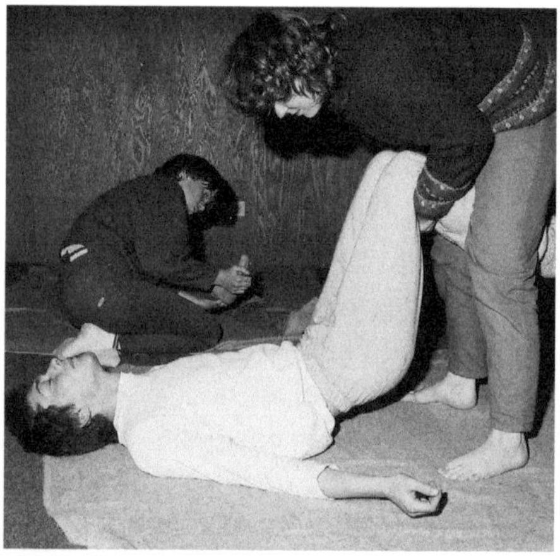

Abbildung 3

schiebe das Knie hoch, so dass der Oberschenkel senkrecht steht, und lass das Bein nun langsam nach außen fallen. Hebe es hoch, lass es wieder fallen. Stütze dabei aber immer das Knie. Du kannst das Knie beim Fallen auch kurzzeitig loslassen, musst es aber bereits vor dem Punkt wieder stützen, an dem dein Partner es von sich aus bremst und hält. Lass nun das Bein bzw. den Oberschenkel kreisen. Langsam, leicht, ohne Druck. Folgende vier Positionen werden durch eine kreisförmige Bewegung verbunden: 1. Der Oberschenkel ist

mit leichtem Zug auf den Boden und fordere den Partner auf, den Unterschied zwischen beiden Beinen zu fühlen. Gehe anschließend das andere Bein in derselben Art und Weise durch.
Der nächste Abschnitt ist der für deinen Partner wahrscheinlich überraschendste und wohltuendste (Abb. 3). Stell dich gegrätscht über seine Beine, wobei du zu ihm hinschaust, und geh etwas in die Hocke. Fasse mit beiden Händen seine Unterschenkel dicht bei den Kniekehlen und ziehe beide Beine hoch. Die Unterschenkel

winkeln sich dabei ab. Hebe nun langsam den Unterkörper des Partners hoch, wobei seine Füße dein Gesäß berühren. Schwenke jetzt das Becken deines Partners hin und her, auf und ab, in Richtung seines Oberkörpers und von diesem weg. Du kannst das Becken auch kippen, indem du eine Seite stärker hebst als die andere.
Geh nun mit den Armen ähnlich vor wie mit den Beinen. Stelle den Unterarm senkrecht auf und bewege die Hand am Handgelenk (Abb. 4).

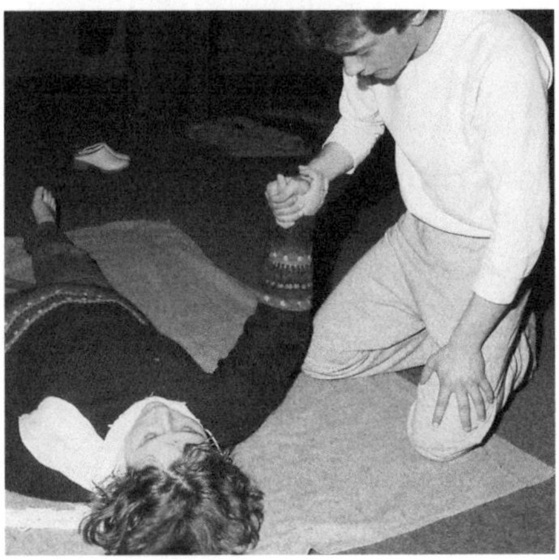

Abbildung 4

Lass dann den Unterarm in die verschiedensten Richtungen fallen, wobei er nicht den Boden berühren soll. Lässt dein Partner den Unterarm nicht fallen, so ziehe ihn leicht nach unten. Nimm dann mit einer Hand die Hand deines Partners und bewege seinen abgewinkelten Arm so, dass das Schultergelenk «geprüft» wird. Schwenke den Arm Richtung Kopf und wieder zurück, hebe ihn etwas hoch und lasse ihn fallen. Lass den Arm im Schultergelenk kreisen. Greife schließlich mit einer Hand unter die Schulter, hebe sie mehrere Male hoch und lasse sie wieder zu Boden. Wenn dein Partner den Unterschied zwischen beiden Armen gefühlt hat, ist der andere Arm dran.
Setz dich schließlich hinter den Kopf, greife unter den Hinterkopf und hebe ihn langsam hoch, bis ein Widerstand fühlbar wird (Abb. 5). Lass den Kopf wieder zu Boden. Mach dies mehrere Male. Je schwerer der Kopf erscheint, desto besser kann der Partner loslassen. Kommt dir der Kopf sehr leicht vor, macht dein Partner die Bewe-

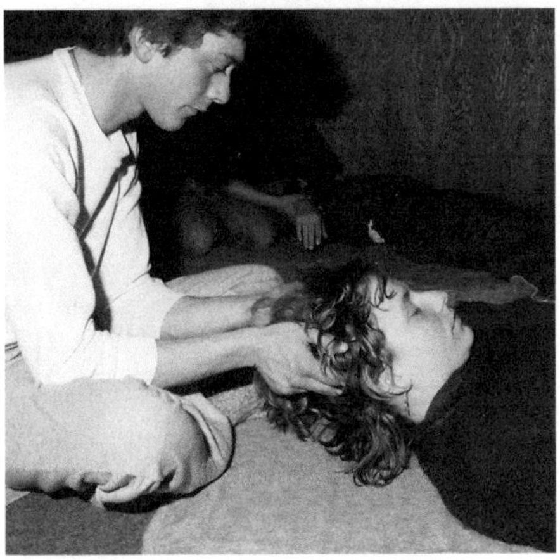

Abbildung 5

gung selbst. Rolle den Kopf zum Abschluss hin und her.
Dein Partner soll nun noch eine Zeit lang «nachfühlen«, wie er seinen Körper spürt, sich dann auf den Bauch drehen und aus dem Vierfüßlerstand aufstehen.
Tausch dich mit deinem Partner aus, wie sich sein Körpergefühl verändert hat, ob er seine Blockierungen fühlte, und was du spürtest.

Wenn du die Übung mit der Gruppe machst, demonstriere sie erst. Wenn dann die Partnergruppen arbeiten, ist es oft sinnvoll, die wichtigsten Schritte nochmals anzusagen. Weise vor allem darauf hin, dass das zweite Bein bzw. der zweite Arm erst dann bearbeitet werden sollen, wenn der passive Partner den Unterschied zwischen beiden Beinen oder Armen gespürt hat. Auch bei dieser Übung soll aber so wenig wie möglich geredet werden, um die Konzentration zu erleichtern.

PASSIVE ENTSPANNUNG IN DREIERGRUPPEN

Gruppenübung
Erfahrungs- und Lockerungsübung
Geringe bis mittlere Intensität
Anwärmen
Ganzer Körper
Hauptübung

Die «Passive Entspannung» kann auch in Dreiergruppen durchgeführt werden. Der Reiz liegt darin, dass es für den, der von den beiden anderen bewegt wird, fast unmöglich ist, so zu tun, als ob er entspannt wäre, indem er den Bewegungen folgt. Er hat keine andere Chance als loszulassen. Der Fokus verschiebt sich hier von der Erfahrung zur Lockerung. Die Übung dauert, wenn sie zügig durchgeführt wird, etwa 20 Minuten pro Teilnehmer.

Bildet Dreiergruppen. Derjenige von euch, der beginnt, legt sich auf einer Decke auf den Rücken, die Beine nebeneinander und die Arme neben dem Körper. Versuche, dich zu entspannen und während der ganzen Übung nichts von dir aus zu bewegen. Nur loszulassen. Falls irgendetwas im Verlauf der Übung unangenehm oder schmerzhaft ist, sage es deinen Partnern.
Die beiden anderen setzen sich zu den Füßen des Liegenden und nehmen Kontakt zu jeweils einem Fuß auf. Nehmt die Ferse in eine Hand (Abb. 6). Spielt erst einmal mit den Zehen. Dann versucht, den Mittelfuß zu bewegen. Macht alles sanft, nicht mit Gewalt. Aber auch nicht zu leicht. Dann spielt mit dem Fußgelenk,

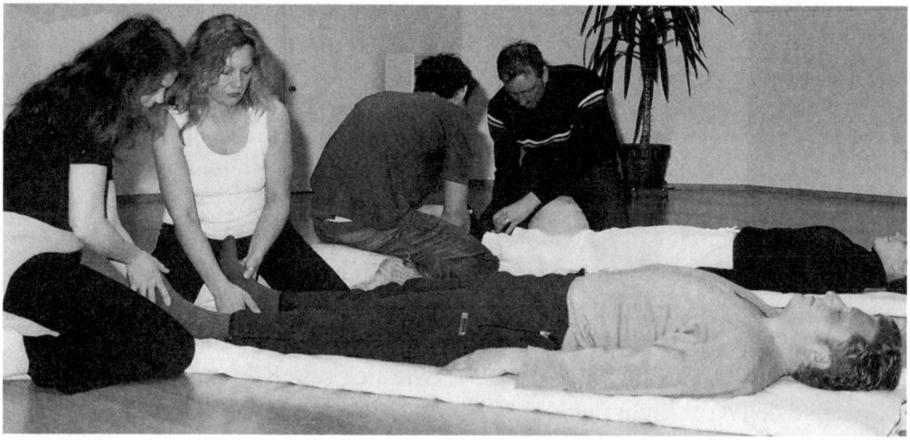

Abbildung 6

indem ihr den Fuß in verschiedene Richtungen bewegt. Ihr könnt eure Bewegungen synchronisieren oder auch verschiedene machen. Beides hat seinen Reiz.
Nun setzt euch neben den Oberschenkel, fasst mit einer Hand unter das Knie und mit der anderen unter die Ferse. Jetzt könnt ihr das Kniegelenk bewegen. Das Knie ist ein Scharnier, kein Kugelgelenk wie das Fußgelenk. Ihr könnt es nur öffnen und schließen. Vermeidet, es «durchfallen» zu lassen. Stützt es immer ab.
Jetzt kommt das Hüftgelenk dran. Es ist auch ein Kugelgelenk. Haltet das Bein wie bisher an Knie und Ferse und bewegt den Oberschenkel in alle Richtungen. Wenn ihr bemerkt, dass euer Partner, der die Bewegungsmassage bekommt, das Bein festhält, lasst es ihn sanft spüren und helft ihm loszulassen. Zum Abschluss zieht die Beine etwas lang und schüttelt sie dabei leicht.

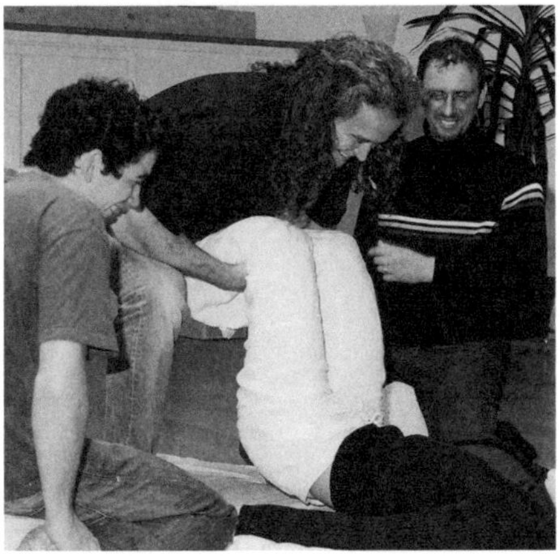

Abbildung 7

(Wenn Zeit ist, könnt ihr die Entspannung der Wirbelsäule einfügen: Nun darf sich die Wirbelsäule etwas entspannen. Einer von euch stellt sich gegrätscht über die Beine des passiven Partners, wobei er zu ihm hinschaut und etwas in die Hocke geht. Greife unterhalb der Kniekehlen an die Unterschenkel und hebe mit beiden Händen die Beine hoch, die sich dabei etwas abwinkeln (Abb. 7).
Nun stütze deine Ellbogen auf deinen Oberschenkeln ab und hebe langsam den Unterkörper des Partners hoch. Schwenke nun sein Becken hin und her, auf und ab, in Richtung des Oberkörpers und von diesem weg. Du kannst das Becken auch kippen, indem du eine Seite stärker hebst als die andere.)
Geht nun mit den Armen ähnlich vor wie mit den Beinen. Setzt euch neben den Oberkörper, stellt den Unterarm des passiven Partners senkrecht auf, wobei der Ellbogen auf dem Boden liegen bleibt (Abb. 8). Nun spielt erst mit den Fingern, dann mit den Handflächen und schließlich mit dem

Abbildung 8

Handgelenk. Lasst dann den Unterarm in verschiedene Richtungen wandern, so dass Ellbogen- und Schulter-

gelenk bewegt werden. Nun nehmt die Hand in eure, hebt den Arm etwas hoch, so dass das Ellbogengelenk ein paar Zentimeter über dem Boden schwebt, und bewegt den Arm wie ein Pendel.
Greift schließlich unter die Schulter, hebt sie einige Male hoch und legt sie wieder ab. Zum Abschluss zieht und schüttelt die Arme leicht und legt sie wieder ab.
Nun geht einer von euch ans Kopfende, der andere zu den Füßen. Der eine rollt den Kopf sanft hin und her, hebt ihn hoch und legt ihn wieder ab, der andere rollt gleichzeitig beide Beine hin und her, indem er die Füße nimmt und nach links und rechts bewegt. Wenn er die richtige Geschwindigkeit herausfindet, bewegt sich der ganze Körper mit.
Zum Abschluss der ganzen Übung streift ihr den passiven Partner ab. Beginnt parallel am Scheitel und streift über den Kopf, die Schultern, Arme und Hände über die Finger hinaus und dann noch einmal am Scheitel beginnend über den ganzen Körper, die Beine und Füße über die Zehen hinaus.
Lasst dem passiven Teilnehmer noch eine Minute Zeit, bevor der nächste drankommt.

4. GRUNDENTSCHEIDUNGEN

Bevor wir weiter in die Praxis einsteigen, möchte ich einige Punkte besprechen, die für den richtigen Einsatz der Übungen entscheidend sind. Ich sehe sie als unverzichtbaren Hintergrund zu den Übungen.

Jeder ist für sich selbst verantwortlich

Das gilt vor allem für sein Lernen. Wirkliches Lernen ist in diesem Bereich nur durch Erfahrungen möglich. Zu den hier wichtigen Erfahrungen (z. B. vertrauen, sich fallen lassen können) kann niemand gezwungen werden. Der Gruppenleiter kann nur versuchen, Erfahrungen zu ermöglichen und zu erleichtern.
Jeder Mensch ist anders und hat eine andere Geschichte. Deshalb kann eine Übung ganz einfach aussehen und für fast alle Menschen, auch den Gruppenleiter, völlig problemlos sein. Für andere kann sie jedoch ein Schritt zu weit sein. Deshalb hat jeder selbstverständlich das Recht, eine Übung, ein Spiel nicht mitzumachen oder während der Übung auszusteigen. Wichtig ist, dass den Gruppenteilnehmern ihre Verantwortung klar ist. Sie sind verantwortlich dafür, Übungen nicht mitzumachen, wenn sie in der Situation nicht das nötige Vertrauen oder kein gutes Gefühl haben. Sie sind aber auch verantwortlich, wenn sie sich um neue, ungewohnte Erfahrungen «drücken» und ihnen die Übungen schließlich «nichts gebracht» haben.

Der Gruppenleiter ist für alle verantwortlich

Das bedeutet,

- dass er keine Übungen macht, die er nicht selbst als Teilnehmer erlebt hat (es sei denn, er hat sehr viel Erfahrung und kann genau abschätzen, wie sich eine Übung auswirkt);
- dass er keine Situationen ansteuert, die er nicht er«trägt». Wenn der Gruppenleiter z. B. die Spannung schwer aushalten kann, die entsteht, wenn jemand weint, tut er besser daran, emotionalen Tiefgang nicht gerade zu provozieren. Sicher ist er davor allerdings nie;
- dass er auf Gruppenmitglieder achtet, die sich noch schwer tun, die Verantwortung für sich selbst zu übernehmen, und dass er sie unterstützt;
- das bedeutet *nicht*, dass er den Gruppenteilnehmern ihre Verantwortung für sich selbst und die anderen nimmt.

Es gibt viele Motive, die jemanden dazu bewegen können, Körperarbeit mit einer Gruppe zu machen. Zum Beispiel die Meinung, dass ein Gruppenleiter um so «toller» sei, je zündender seine Methoden sind; jemand möchte vielleicht mit den Methoden seine Unsicherheit überdecken oder überbrücken; die Gruppenmitglieder sollen stellvertretend seine (Berührungs-)Ängste überwinden; er will mit der Körperarbeit seine Bedürfnisse nach Nähe, Berührung usw. ausleben. Ich sage nicht, dass ein Gruppenleiter solche Motive nicht haben darf. Ich fordere aber, dass er versucht, sich über seine Beweggründe so klar wie möglich zu werden. Vielleicht entdeckt er dann zugrunde liegende Bedürfnisse, die er offener und ehrlicher befriedigen kann. Ich erwarte, dass der Gruppenleiter sich gut kennt und zu sich steht, dass er als Mensch sichtbar ist und nicht nur als «Pädagoge».

Abschließend also: der Gruppenleiter ist für sich und sein Angebot verantwortlich, die Teilnehmer dafür, was sie daraus machen.

Jeder ist in Ordnung, so wie er ist

Wenn wir etwas verändern möchten, müssen wir es zunächst so akzeptieren, wie es ist. Dadurch, dass ich etwas, das ich an mir nicht mag, dennoch akzeptiere, kann ich es erst wirklich wahrnehmen, genauer anschauen. Vielleicht herausfinden, woher es kommt, was es mir nützt usw. Und dann vielleicht integrieren oder verlieren. Deshalb ist es für mich bei der Arbeit mit Gruppen ein wichtiges Ziel, dass jeder sich nach Möglichkeit so annehmen kann, wie er ist. Manchen fällt das sehr schwer. Und bei manchen ist es auch für mich schwer, sie so anzunehmen, wie sie sind.

Gute Erfahrungen öffnen neue Wege, schlechte versperren sie

Die meisten Menschen haben eine Mauer um sich. Eine höhere oder niedrigere, dickere oder dünnere. Das Problem dabei ist, dass die Mauer nicht nur andere aussperrt, sondern den Betroffenen auch selbst einschließt. Mauern braucht man. Vielleicht. Manchmal. Es ist gut, wenn die Mauer Fenster hat, durch die wir hinaussehen können, und Türen, durch die wir hinausgehen und andere hereinlassen können.

Vertrauen zu lernen, ist schwierig und unmöglich, wenn die Gruppe oder der Leiter kein Vertrauen verdienen. Eine vertrauensvolle Atmosphäre kann man «herstellen». Wichtig dafür ist, dass du als Leiter offen, als Mensch sichtbar bist. Wichtig ist auch, dass du selber dir über deine Gefühle, deine Gedanken möglichst klar bist. Voraussetzung für Vertrauen ist Verantwortung. Das Beispiel des «Vertrauenskreises» (vgl. S. 72), bei dem ein Gruppenmitglied sich fallen lässt und die Gruppe es auffängt, zeigt: Es ist schwer, sich fallen zu lassen. Dafür ist viel Vertrauen nötig. Durch die Erfahrung, dass die Gruppe mich hält, kann ich mich langsam immer weiter wagen, immer lockerer fallen lassen, immer mehr loslassen.

Passt aber einer nicht auf, nimmt er seine Verantwortung nicht ernst und lässt mich zu Boden fallen, so muss ich wieder ganz von vorn anfangen. Wenn ich überhaupt je wieder dazu bereit sein sollte, mich auf dieses Spiel einzulassen und mich fallen zu lassen. Zu einer vertrauensvollen Atmosphäre gehört also auch Verantwortung.

Leider sind gerade in der Jugendarbeit Spiele noch weit verbreitet, bei denen der Spaß der Gruppe auf Kosten Einzelner geht. Dabei lernen die Gruppenmitglieder Misstrauen, Scheu vor Experimenten und Konkurrenz gegeneinander. Spiele anders!

5. LOCKERUNGSÜBUNGEN

In diesem Abschnitt möchte ich einige Übungen vorstellen, die zum großen Teil in jeder Gruppe verwendet werden können, um Geist und Körper in Schwung zu bringen. Sie eignen sich gut, um vor Arbeitseinheiten und in Pausen den Kopf wieder klar zu bekommen und Müdigkeit zu vertreiben.
Zuerst stelle ich einfachere Übungen für alle Arten von Gruppen vor und anschließend etwas anspruchsvollere.

RÄKELN

Einzelübung
Lockerungsübung
Geringe Intensität
Gruppenalltag
Ganzer Körper
Kurze Übung

Eine einfache Lockerungsübung ist das «Räkeln». Einfach vor allem, weil sie leicht zu erklären ist.
Wie man sich beim Aufstehen räkelt, weiß jeder. Bei dieser Übung räkeln wir uns aber im Stehen, und wir versuchen, uns dabei methodisch zu strecken und zu dehnen. Methodisch heißt, dass wir versuchen, so viele Muskeln wie möglich einzubeziehen. Je ungewohnter die Bewegung, um so besser. «Pflückt» zum Beispiel «Äpfel», die so hoch hängen, dass ihr sie gerade noch auf den Zehenspitzen erreichen könnt. Oder imitiert das Binden von Schuhbändern mit möglichst gestreckten Beinen. Dreht und wendet euch und versucht einfach, alle möglichen Muskelpartien zu strecken. Vergesst vor allem die Schultern und den Nacken nicht.

SCHÜTTELN

Einzelübung
Lockerungsübung
Geringe Intensität
Gruppenalltag
Ganzer Körper
Kurze Übung

Eine einfache Lockerungsübung, die man immer und überall einsetzen kann, um Körper und Geist wieder in Schwung zu bringen, ist das «Schütteln». Schüttelt einfach alle möglichen Körperteile richtig aus. Beginnt mit den Gliedmaßen. Erst die eine Hand, dann den ganzen Arm. Dann die andere Hand und den dazugehörigen Arm. Anschließend nacheinander Füße und Beine. Beugt euch dann vornüber und schüttelt den Kopf und die Schultern. Und jetzt lasst eure Phantasie spielen. Auch die Brust kann man schütteln und das Gesäß. Probiert einfach aus, was ihr alles schütteln könnt.

HÜPFSCHÜTTELN

Einzelübung
Lockerungsübung
Mittlere Intensität
Gruppenalltag
Ganzer Körper
Kurze Übung

Aus der Bioenergetik (vgl. S. 89) kommt eine Variation dieser Übung. Beim Hüpfschütteln hüpfen wir auf beiden Beinen. Dabei atmen wir rhythmisch: jeweils beim Hochspringen ein und beim Landen aus.
Auch bei dieser Übung kann man alle möglichen Körperteile ausschütteln. Man kann sich aber auch vorstellen, dass man mit dem Ausatmen vieles abschüttelt: den Druck auf den Schultern, die Angst im Nacken, die Wut im Bauch… Noch wirkungsvoller ist die Übung, wenn man beim Ausatmen einen kräftigen Ton von sich gibt – ein Ho oder Ha oder Ähnliches.

SCHWINGEN

Einzelübung
Lockerungsübung
Geringe Intensität
Gruppenalltag
Ganzer Körper
Kurze Übung

Stehe, die Füße leicht gegrätscht (etwa einen halben Meter auseinander) und schwinge den Körper nach links und rechts, so dass deine Arme in der Luft einen Kreis bilden. Schwinge, soweit es leicht geht, wobei die Fersen sich heben dürfen, die Zehenballen aber am Boden bleiben sollen. Drehe auch den Kopf und die Augen mit und achte darauf, wie weit dein Blickfeld reicht, wenn du an dem Punkt bist, an dem deine Bewegung wieder zurück zur anderen Seite geht. Mache etwa zehn Schwünge und lass dann für fünf Schwünge deine Fersen am Boden. Bei den nächsten fünf Schwüngen bleiben deine Knie unbeweglich, dann dein Becken, dann der Brustkorb. Lass schließlich die Arme hängen und bewege nur noch den Kopf. Zum Abschluss wandern nur noch die Augen hin und her.
Nun gehe umgekehrt vor und beziehe alle fünf Schwünge wieder eine Körperpartie mehr mit ein. Achte am Schluss darauf, ob du dich weiter drehen kannst als am Anfang, ob dein Blickfeld weiter geworden ist.

KREISEN

Einzelübung
Erfahrungs- und Lockerungsübung
Geringe bis mittlere Intensität
Gruppenalltag
Ganzer Körper
Mittlere Länge

Diese Übung ist anspruchsvoller, und sie dauert etwa eine halbe Stunde. Ich empfehle sie sehr für Körpererfahrungs-Gruppen, da sie recht effektiv ist. Mache diese Übung konzentriert, nur dann zeigen sich ihre Qualitäten.

Wir stehen, die Beine hüftbreit auseinander. Wir schließen die Augen und spüren nach, wie wir stehen. Achte auf deinen Atem. Die Knie sind leicht gebeugt…
Lenke dein Bewusstsein auf deinen After, deinen Schließmuskel. Wenn er

angespannt ist, so lasse ihn los, entspanne ihn…
Jetzt konzentriere dich auf dein Gesicht. Entspanne dein Gesicht. Lass den Unterkiefer locker…
Nun lass deinen Kopf langsam nach vorne fallen. Nur so weit, wie es dir leicht fällt. Rolle jetzt den Kopf nach rechts auf die Schulter. Und ganz langsam weiter nach hinten. Und dann nach links und wieder nach vorn. Jetzt machen wir mehrere solche Kreisbewegungen. Ohne Hast, ohne Gewalt. Ganz ruhig und sanft…
Die nächsten paar Kreise machen wir etwas schneller…
Und jetzt kehre die Bewegung um. Beginne mit ganz langsamen Bewegungen in die Gegenrichtung und lass sie langsam schneller werden. Achte darauf, wo der Kreis nicht rund, die Bewegung nicht flüssig ist. Verändere nichts, registriere es nur.
Und nun lassen wir die Kreise kleiner werden. Unser Kopf pendelt sich langsam ein und sucht sich selbst den Platz, wo er hingehört. Spüre nach, wie es sich anfühlt…
Bevor wir weitermachen, kontrollieren wir, ob Gesicht und After noch entspannt und ob die Knie locker sind…
Jetzt konzentrieren wir uns auf unsere rechte Schulter. Ziehe sie hoch, so weit es leicht geht; dann lass sie fallen. Ziehe sie einige Male hoch und lass sie fallen. Dann strecke sie einige Male abwechselnd nach vorne und hinten. Verbinde jetzt diese vier Punkte zu einem Kreis. Zieh die Schultern hoch, lass sie nach vorne wandern, nach unten, hinten und wieder hoch. Mache einige solche Kreise. Erst langsam, dann schneller, dann wieder langsam. Bewege dich mühelos, nicht angestrengt und bewusst…
Jetzt wechsle die Richtung. Kreise wieder erst langsam, dann schneller und wieder langsamer. Lass die Schulter sich langsam einpendeln, ihren Platz suchen. Vergleiche, wie sich beide Schultern anfühlen…
Gehe wieder die drei Punkte durch: Ist das Gesicht entspannt, der Schließmuskel, sind die Knie weich?
Jetzt bewege deinen Oberarm in verschiedene Richtungen. Mache Kreise, vorwärts und zurück. Probier einfach aus, welche Bewegung du mit deinem Oberarm machen kannst. Jetzt nimm den Unterarm dazu. Und schließlich die Hand. Kombiniere die Bewegungen in Schulter-, Arm- und Handgelenk. Wie weit reicht dein Arm?…
Lass den Arm jetzt zur Ruhe kommen, hängen und vergleiche dein Gefühl in beiden Armen…
Kontrolliere und entspanne wieder Gesicht, After und Knie…
Jetzt konzentriere dich auf die linke Schulter… Zieh sie einige Male hoch und lass sie wieder fallen. Dann bewege sie vor und zurück, nach oben und unten. Jetzt mache wieder einen Kreis. Erst langsam. Spüre nach, ob deine Schulter sich im Kreis bewegt oder ob es eher ein Oval ist. Mach die Bewegung etwas schneller und wieder langsamer. Wechsle die Richtung…
Lass die Schulter wieder zur Ruhe kommen und vergleiche beide Schultern. Fühlen sie sich jetzt gleich an? Bewege den Oberarm im Kreis, nimm den Unterarm hinzu und die Hand. Nutze deinen Spielraum, probiere die

Bewegungen aus, die Schulter-, Arm- und Handgelenke ermöglichen…
Lass den Arm wieder hängen und vergleiche beide Arme… Sind Gesicht, After und Knie entspannt?
Achte einige Atemzüge lang auf deinen Atem…
Jetzt konzentriere dich auf deinen Oberkörper. Versuche, ob du nur den Oberkörper nach vorne bewegen kannst. Das Becken bewegt sich nicht. Versuche also, in der Taille ein wenig einzuknicken. Jetzt bewege dich etwas nach hinten. Und einige Male vor und zurück. Jetzt nach rechts und nach links. Und jetzt mach einen Kreis. Nach vorn, nach rechts, nach hinten, nach links usw. Mache jetzt einige Kreise in die Gegenrichtung. Und nun sucht sich dein Oberkörper wieder den Ort, an den er gehört. Er pendelt sich ein…
Jetzt bewege die ganze Hüfte einige Male vor und zurück… Nun nach links und nach rechts… Jetzt lass die Hüfte kreisen. Zuerst einige Male in die eine, dann in die andere Richtung. Dann lass die Hüfte wieder zur Ruhe kommen…
Kippe jetzt das Becken nach vorn. (Wenn unser Steißbein ein Schwanz wäre, würden wir ihn jetzt nach hinten strecken.) Kippe das Becken nun nach hinten. (Zieh den imaginären Schwanz ein.) Mach dies einige Male. Versuche nun, das Becken nach links und rechts zu schaukeln. Versuche jetzt, das Becken wie eine Bauchtänzerin kreisen zu lassen. Das ist nicht einfach. Kleine Kreise genügen… Erst in die eine, dann in die andere Richtung…
Lass das Becken wieder zur Ruhe kommen. Wo ist dein Becken normalerweise? Fühle nach, wie du im Moment stehst… Ist dein Gesicht entspannt, dein Schließmuskel locker, sind deine Knie weich?
Verlagere jetzt dein Gewicht auf deinen linken Fuß und kreise mit deinem rechten Oberschenkel. Probiere die Beweglichkeit deines Hüftgelenks aus. Dann nimm den Unterschenkel und schließlich den Fuß hinzu. Wie groß ist der Raum, den du mit deinem Bein erreichen kannst?…
Stell dich wieder auf beide Beine und vergleiche, ob sie sich verschieden anfühlen. Wie stehst du mit der linken Fußsohle auf dem Boden, wie mit der rechten? Jetzt verlagere dein Gewicht auf dein rechtes Bein und gehe mit dem linken ebenso vor, wie vorher mit dem rechten. Stell dich wieder auf beide Beine und vergleiche sie.
Gehe deinen ganzen Körper noch einmal durch. Wie fühlt er sich an? Achte auf deinen Atem…
Gehe ein wenig umher. Achte darauf, wie sich dein Körper anfühlt… Erinnere dich heute noch einige Male an dieses Gefühl.

KLEINE KÖRPERÜBUNGS-REIHE

Einzelübungen
Meditative Erfahrungs- und Lockerungsübungen
Geringe Gefühlsintensität
Gruppenalltag
Ganzer Körper
Kurze Übungen

Als Nächstes möchte ich eine kleine Reihe von Übungen aus dem Yoga und nach Moshe Feldenkrais vorstellen, die besonders für Anfänger geeignet sind und ziemlich viele Muskelbereiche mobilisieren und entspannen. Einige Bemerkungen dazu, die du an deine Gruppe weitergeben und anfangs bei jeder Übung wiederholen solltest:

Diese Übungen sollen langsam und konzentriert gemacht werden. Nicht wie im Sport. Achte auf deine Grenzen – sie sind dein Lehrmeister. Geh bei den Übungen so weit, bis du ein leichtes Ziehen in den Muskeln spürst, nicht weiter. Sonst verkrampfen sich deine Muskeln. Deine Grenzen zeigen dir, wo du stehst, wie dein Körper beschaffen ist. Versuche nicht, mit Gewalt lockerer zu werden. Lass dich vielmehr fallen. Atme in die beanspruchten Muskeln. Lass die Spannung beim Ausatmen einfach wegfließen. (Ich weiß, dass es sich leichter anhört, als es ist.)
Zuerst zu Hals und Nacken: die

Kopfrolle

Stell dich aufrecht hin, die Beine leicht gegrätscht, die Arme hängend. Atme aus und lass den Kopf nach vorn fallen, auf die Brust. Rolle jetzt, während du einatmest, den Kopf auf die linke Schulter. Beim Ausatmen rolle den Kopf nach hinten, beim Einatmen auf die rechte Schulter und beim Ausatmen wieder nach vorn. Mach in deinem Atemrhythmus einige solche Kreisbewegungen. Dann kehre die Bewegungen um und mach einige Kreise in die Gegenrichtung. Lass dann den Kopf kurz auf der Brust und hebe ihn schließlich mit einem langen Einatmen wieder an seine normale Stelle.
Jetzt zur gesamten Rückseite: der

Rückenstrecker

Bleib stehen, wie du bist, verschränke die Hände hinter dem Körper, beuge dich bei gestreckten Beinen so weit nach vorn, wie es geht, und hebe auch die Arme so weit hoch, wie es leicht

Abbildung 9

möglich ist (Abb. 9). Achte darauf, dass du deinen Hals dabei nicht verspannst. Schüttle leicht den Kopf. Rolle mit den Schultern etwas vor und zurück. Anschließend kannst du dich vielleicht noch etwas weiter beugen.

Die nächste Übung heißt

Katze-Kuh

Geh in den «Vierfüßler-Stand», d. h. auf Hände und Knie. Wölbe jetzt abwechselnd den Rücken ähnlich einer Katze so weit hoch wie möglich und lass ihn dann so weit durchhängen wie möglich, als hättest du den Hängerücken einer Kuh. Achte darauf, wann du ein- und ausatmest.
Nun eine Übung für den Rücken, das

Rücken rollen

Setz dich mit angezogenen Beinen auf den Boden (Schneidersitz), fass deine Füße mit den Händen und rolle nun auf deinem Rücken (Abb. 10). Du kannst so weit zurückrollen, dass

Abbildung 10

deine Zehen hinter deinem Kopf den Boden berühren und wieder vorrollen zum Sitz. Rolle nicht genau auf dem Rückgrat, sondern besser auf den langen Rückenmuskeln links und rechts davon.

Als nächstes sind das Becken und die inneren Oberschenkelmuskeln dran. Diese Übung heißt

Schmetterling

Setz dich auf den Boden und leg die Fußsohlen aneinander. Lass deine Knie so weit in Richtung Boden auseinander fallen, wie möglich. Jetzt bewege die Knie etwas auf und ab. Mach diese Bewegung so schnell, dass es aussieht, als würdest du «flattern». Die Knie sollen dabei so weit auseinander sein, dass du ein leichtes Ziehen in den Oberschenkeln spürst. Schaukle jetzt im Becken so hin und her (von einer Po-Backe auf die andere), dass abwechselnd dein linkes und rechtes Knie den Boden berühren. Lass den übrigen Körper dabei ruhig mitschaukeln.

Abbildung 11

Lege schließlich deine verschränkten Finger unter deine Füße und lass deinen Körper so weit wie möglich nach vorn fallen. (Abb. 11).

Bei der nächsten Übung werden die Rückseiten der Beine gestreckt. Im Yoga heißt diese Position

Kopf-Knie-Stellung

Du sitzt, deine Beine gestreckt und nah beieinander. Beug dich nach vorn und fass mit den Händen an die Zehen (falls dir das nicht möglich ist, fasse an die Unterschenkel). Zieh dich etwas nach vorn und bleib einige Sekunden an dieser Stelle (Abb. 12).

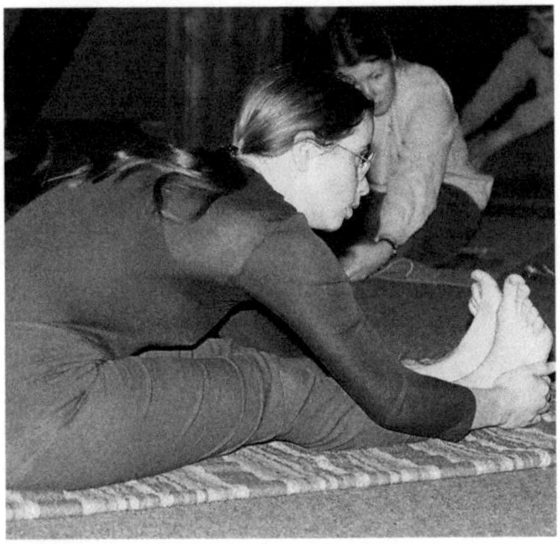

Abbildung 12

Du brauchst nicht zu wippen, wie du es vielleicht vom Sport kennst. Wenn du sehr gelenkig bist, kannst du den Kopf auf die Knie legen.

Zum Abschluss noch einige Übungen für Muskeln und Gelenke von Beinen und Becken: der

Natursitz

Geh in die Hocke, wobei die Fußsohlen auf dem Boden bleiben müssen. Gelingt dir das nicht, so lege dir eine Decke unter die Fersen. Spreize mit den Oberarmen die Knie etwas auseinander (Abb. 13). Du kannst deine Daumen an die Nasenwurzel (zwischen die Augenbrauen) legen. Spanne jetzt die Muskeln deines Beckenbodens beim Einatmen an und lass sie beim Ausatmen los (der Beckenboden ist die Region um die Geschlechtsorgane und den Anus). Mach dies einige Male und streiche schließlich mit den Daumen langsam an der Oberseite deiner Augenhöhlen entlang nach außen.
Steh auf und schüttle dich noch ein

Abbildung 13

wenig aus - du wirst dich, gerade am Morgen, um einiges anders fühlen als vor der Übungsreihe.

Vielleicht sind diese Übungen für dich eher eine Qual als angenehm. Möglicherweise fühlst du dich derart unbeweglich und steif, schmerzen dich deine Glieder so sehr, dass du denkst, du wärst für solche Dinge eben nicht geschaffen.
Unsere Beweglichkeit bzw. Unbeweglichkeit hat zwar ein wenig mit dem Alter zu tun, gar nichts aber mit Veranlagung. Wer sich nicht bewegt, der spürt auch seine Fesseln nicht. Die Übungen dieses Abschnittes zeigen die Ketten auf, die wir unserem eigenen Körper anlegen. Du kannst dich entscheiden, dich wei-

terhin nicht zu bewegen oder deine Fesseln abzuwerfen. Es ist einfacher und schwieriger, als du denkst. Einfacher, da ein erster großer Schritt schnell getan ist. Und dieser Schritt ist wichtig. Schwieriger, weil man früher oder später an Grenzen stößt, die nur durch schwerwiegende Änderungen der Einstellungen und der Lebensweise überschritten werden können.

Sonnengruß

Einzelübung
Meditative Erfahrungs- und Lockerungsübung
Geringe Intensität
Gruppenalltag
Ganzer Körper
Kurze Übung

Der Name dieser etwas anspruchsvolleren Übung kommt daher, dass sie normalerweise am frühen Morgen mit dem Gesicht zur Sonne ausgeführt wird. Zu dieser Tageszeit hat sie sicher auch die besten Auswirkungen, da ihre zwölf Stellungen den «Schlaf» rasch aus den Gliedern treiben. Sie kann aber auch zu jeder anderen Tageszeit genützt werden, um in kurzer Zeit sehr viele Muskelpartien zu entspannen. In der strengen Schule des Yoga wird diese Übung zwölf Mal wiederholt. Aber auch zwei Durchgänge zeigen schon ihre Wirkung. Bitte achte darauf, bei der Übung keine Muskelpartie zu überstrecken, keine Sehnen und Bänder zu überdehnen. Übertriebener Ehrgeiz ist hier schädlich. Streng dich nicht an, sondern lass los!

Die Folge der Stellungen :

1. Wende dich zur Sonne (wenn möglich), falte die Hände und presse sie gegeneinander. Stell die Füße zusammen, stehe aufrecht, konzentriere dich (Abb. 14).

Abbildung 14

2. Atme ein, hebe die Arme dabei über den Kopf, beug dich nach hinten, bilde einen großen Bogen (Abb. 15).

Abbildung 15

3. Atme aus und beug dich nach vorn. Geh mit den Fingern an deinen Unterschenkeln und Füßen so weit hinunter wie es dir leicht möglich ist. Mit viel Übung kannst du bei gestreckten Beinen mit dem Kopf die Knie berühren und die Hände neben die Füße legen (Abb. 16).

Abbildung 16

4. Atme ein und mach mit deinem linken Fuß einen großen Schritt nach hinten. Die Hände und der rechte Fuß bleiben auf dem Boden, der Kopf wird zurückgebeugt (Kniebeuge mit fast gestrecktem, rechtem Bein. Abb. 17).

5. Halte den Atem an. Stell auch das rechte Bein nach hinten. Dein abgewinkelter Körper ruht auf Händen und Füßen, wobei die Füße nach Möglichkeit ganz auf dem Boden sein sollten.

6. Atme aus, geh auf die Knie, setz dich auf die Fersen. Senke die Brust zu Boden und zieh dich nach vorn (Abb. 18).

7. Atme ein und beug dich so weit wie möglich nach hinten. Die Oberschenkel sollten dabei vollständig am Boden bleiben (Kobra, Abb. 19).

8. Atme aus und hebe den Körper hoch, wobei Füße, Fersen (nur wenn möglich) und Hände flach am Boden sind (wie Stellung 5).

Abbildung 17

Abbildung 18

Abbildung 19

9. Atme ein und bringe den linken Fuß zwischen die Hände (Kniebeuge wie Stellung 4).

10. Atme aus und bring den rechten Fuß nach vorn. Bring den Kopf so nahe wie möglich an die Knie (wie Position 3).

11. Atme ein und mache einen Bogen wie bei Position 2.

12. Geh kurz in die Anfangsstellung, lass dann die Arme fallen und ruh dich aus.

Mach diese Übung der Gruppe einige Male vor, sage die einzelnen Teile an und überprüfe die Ausführung.

6. NEUE INNERLICHKEIT GEGEN GESELLSCHAFTLICHES ENGAGEMENT?

Der «Sonnengruß» ist eine wichtige Übung aus dem Hatha-Yoga. Mit ihm sind wir bereits ein Stück in östliche Philosophie vorgedrungen.
Mancher Leser stellt sich vielleicht die Frage, ob die hier geschilderte Arbeit nicht völlig «abhebt», die «Realität» flieht, «Inseln der Seligkeit» produziert, die mit dem Alltag und den gesellschaftlichen Belangen nichts zu tun haben.
Ich halte deshalb an dieser Stelle einige Bemerkungen zur «Realität» und zum Verhältnis zwischen ihr und der hier beschriebenen Körperarbeit für nötig.
Fördert Körperarbeit, wie sie hier geschildert wird, den Rückzug ins Private? Leistet sie einer «neuen Innerlichkeit» Vorschub? Entzieht sie der politischen Arbeit Kräfte? Sind Körpererfahrung und politische Arbeit gar Gegensätze?
Meine Position dazu ist, dass sich persönliche Entwicklung und politische Arbeit (Arbeit an der gesellschaftlichen Entwicklung) ergänzen müssen. Was nützt das beste Körpergefühl, wenn unsere Umwelt weiter verseucht und zerstört und unsere Lebensgrundlage damit vernichtet wird? Wenn wirtschaftliche Interessen mehr zählen als Menschenleben? Wenn wegen Energieressourcen Krieg geführt wird? Und was nützt es, wenn ein kleiner Teil der Erdbevölkerung sich zu allem Luxus, den er schon genießt, auch noch Körperarbeit gönnt, während die Mehrheit um das nackte Überleben kämpft?

Doch auf der anderen Seite: «Kaputte» Leute machen meist auch «kaputte» Politik. Es ist ein großer Unterschied, ob sich Menschen aus Lust am Leben zusammentun, um die Regeln für das Zusammenleben (das ist Politik) mitzugestalten oder zu verändern, oder ob sie es aus Frustration, aus Machthunger oder aus Ehrgeiz tun, oder um vor sich selbst zu fliehen.
Je mehr Phantasie, Offenheit, Menschlichkeit und Lebensfreude politische Bewegungen aufweisen, um so mehr sind sie in der Lage, wirklich lebensfreundliche Politik durchzusetzen. Hier hat sich in den letzten Jahren und Jahrzehnten bereits viel verändert.
Selbsterfahrung, Körpererfahrung und persönliches Wachstum können den Menschen die Energie und die positive Utopie vermitteln, die sie für politisches Engagement brauchen.
Abschließend also: Körperarbeit ist keine politische Arbeit. Auch keine Alternative dazu. Beides sollte nicht in Konkurrenz zueinander stehen, sondern sich ergänzen. Gesellschaftliche und persönliche Entwicklung sind wichtig, und das eine ist auf die Dauer ohne das andere nicht zu haben.

7. WO LASSEN SIE LEBEN?

Ein weiteres Argument gegen den Einsatz von Methoden wie den hier beschriebenen, vor allem in der Jugendarbeit, bezieht sich auf die Gefahr einer zunehmenden Professionalisierung. Es ist ja tatsächlich fatal und Zeichen einer wachsenden Entfremdung, dass wir inzwischen für jeden Aspekt *unseres* Lebens Experten haben und die Eigenverantwortlichkeit für *unser* Leben immer mehr aus den Händen geben – jetzt wird auch noch der Gruppenleiter gefordert, der mit einem ausgefeilten Methodeninventar für *meine* Entwicklung, *mein* Körpergefühl, ja sogar *meinen* Körperkontakt sorgt. Als ob ich das nicht... Aber das ist es eben. Leider brauchen wir «Krücken». Und nichts anderes sind die hier beschriebenen Spiele, Übungen, Experimente wie auch die Gruppenleiter. Lieber mit Krücken laufen als gar nicht. Aber je eher wir ohne Krücken gehen lernen, desto besser.
Dieses Buch richtet sich vor allem an Gruppenleiter, da meist sie es sind, die Handlungswissen, wie es in diesem Buch gesammelt wurde, weitergeben. Aber es kann auch vom Leser für sich selbst genutzt werden oder für eine Gruppe, der er angehört.
Ich habe bewusst Übungen ausgewählt, die ohne spezielle Kompetenz des Leiters durchgeführt werden können.

Und bitte nicht vergessen: Jedes Gruppenmitglied ist für sich selbst verantwortlich!

8. DER RÜCKEN – WEISSER FLECK AUF UNSERER LANDKARTE?

Die folgenden Übungen sollen euch einen Bereich des Körpers nahe bringen, der uns normalerweise relativ fremd ist – den Rücken. Der Rücken ist die Seite unseres Körpers, die wir meist nicht herzeigen und auf der wir einiges von unserem «Seelenmüll» abladen.[13] Diese Übungen können im Block gemacht, genauso gut aber auch einzeln verwendet oder in andere Zusammenhänge gestellt werden.

AUFSTEHEN

Einzelübung
Erfahrungsübung
Geringe Intensität
Gruppenalltag
Ganzer Körper
Mittlere Länge

Was hat das Aufstehen mit dem Rücken zu tun? Abwarten... Dieses Experiment zeigt den Unterschied zwischen verschiedenen Arten des Aufstehens. Üblicherweise stehen wir so vom Boden auf, dass wir blitzschnell aktionsbereit sind, uns aber gleichzeitig erheblich anspannen, vor allem im Rückenbereich. Damit reagieren wir auf tatsächliche oder vermeintliche Erwartungen unserer Umwelt, belasten aber den Körper.

Bei diesem Experiment geht es um Stress und wie wir auf ihn reagieren, oft auch, wenn gar kein Stress da ist. Legt euch bitte auf dem Boden auf den Rücken... Nein, steht bitte auf... Könnt ihr euch erinnern, wie ihr jetzt aufgestanden seid? Legt euch bitte nochmals auf den Boden und steht in Zeitlupe so auf, wie ihr eben aufgestanden seid. Ganz langsam. Achtet darauf, welche Muskelpartien ihr dabei anspannt... und legt euch noch einmal auf den Rücken.
Steht jetzt folgendermaßen auf: Rollt euch langsam auf die Seite und auf den Bauch. Jetzt geht erst mit dem Becken hoch, stellt euch auf die Knie und Unterarme. Jetzt auf die Hände. Nun seid ihr im Vierfüßlerstand. Steht nun langsam mit Hilfe der Hände auf. Wenn ihr so aufsteht, erhaltet ihr eure Entspannung. Steht bitte ab jetzt immer so auf, wenn ihr nicht blitzschnell handlungsbereit sein müsst. Euer Rücken wird es euch danken.

RÜCKEN-SCHAUKEL

Paarübung
Erfahrungs- und Lockerungsübung
Geringe Intensität
Anwärmen
Rücken
Mittlere Länge

Ein Partner legt sich auf den Boden, auf den Bauch, die Beine leicht gespreizt. Der andere legt sich mit seinem Rücken auf den Rücken des

Partners, und zwar so, dass sein Hohlkreuz auf das Gesäß des Unteren zu liegen kommt. Seine Beine liegen zwischen den Beinen des unteren Partners, die Hände auf dem eigenen Bauch.
Die beiden bleiben einige Minuten einfach liegen, entspannen sich und spüren, wie es sich anfühlt, jemanden im Rücken zu haben (Abb. 20).

Abbildung 20

Dann beginnt der Untere, leicht und langsam das Becken zu bewegen. Hin und her, vor und zurück, links hoch, rechts hoch usw. Dadurch schaukelt er seinen Partner. Man kann alle möglichen Bewegungen ausprobieren. Es ist mehr möglich, als man denkt. Auch die Schultern, den Rücken kann man bewegen. Wichtig ist, dass der Obere sich dabei entspannen kann. Deshalb sollten die Bewegungen möglichst wellenförmig sein. Das Tempo der Bewegungen und die Stärke dürfen wechseln. Am Schluss kann der Untere den Oberen auch sanft abwerfen.

RÜCKEN SCHÜTTELN – RÜCKEN AN RÜCKEN AUFSTEHEN

Paarübungen
Lockerungsübungen
Geringe Intensität
Anwärmen und Gruppenalltag
Rücken
Kurze Übungen

Dies sind zwei kleine Übungen, die du vielleicht aus dem Sport kennst. Für beide sollten die Partner nicht allzu unterschiedlich groß sein.

Beim «Rücken-Schütteln» stellen sich die Partner Rücken an Rücken und haken die Arme ein. Nun geht der eine ein wenig in die Knie, beugt sich vor und zieht dabei den anderen hoch. Das Gesäß des oberen Partners soll auf dem unteren Rücken des unteren Partners liegen, sonst wird sein Rückgrat zu stark durchgebogen (Hohlkreuz). Der Untere schüttelt nun den Oberen. Dieser atmet stark aus und entspannt seine Muskeln vor allem im Brust-, Bauch- und Rückenbereich.

Das «Rücken-an-Rücken-Aufstehen» ist einfach. Die Partner stehen Rücken an Rücken und haken wieder die Arme ein. Nun versuchen sie, sich gemeinsam zu setzen. Haben sie das geschafft, versuchen sie, gemeinsam wieder aufzustehen. Bei dieser Übung ist jeder die Stütze des anderen, und es ist wichtig, die Bewegungen zu koordinieren.

WIRBELSÄULE FÜHLEN

Paarübung
Erfahrungs- und Lockerungsübung
Geringe Intensität
Gruppenalltag
Rücken
Kurze Übung

Eine kleine Übung, die es uns ermöglicht, unser Rückgrat zu spüren, wahrzunehmen und zu lockern, ist folgende: Ein Partner legt sich auf den Rücken, die Füße an eine Wand, und zwar so, dass die Oberschenkel senkrecht hoch stehen und die Unterschenkel waagerecht sind. Der andere Partner setzt sich mit gestreckten Beinen hinter den ersten und stützt mit seinen Füßen dessen Schultern ab, so dass er nicht zurückrutschen kann (Abb. 21).
Der erste Partner stemmt nun seinen Rücken hoch, so dass er einen großen Bogen bildet. Die Schultern bleiben am Boden und sind entspannt. Er versucht sich vorzustellen, dass sein Hals immer länger wird und sein Kopf immer weiter zwischen die Beine des Partners wächst. Die Schultern werden dadurch nach «unten» in Richtung Körper gedrückt.

Beginnt nun langsam, das Rückgrat wieder auf den Boden zu legen, und zwar so, dass ihr jeden Wirbel spürt. Achtet genau darauf, an welchem Punkt es nicht mehr möglich ist, einzelne Wirbel auf den Boden zu legen. Je größer euer Hohlkreuz ist, desto eher ist das der Fall. Wiederholt die Übung einmal und wechselt dann.

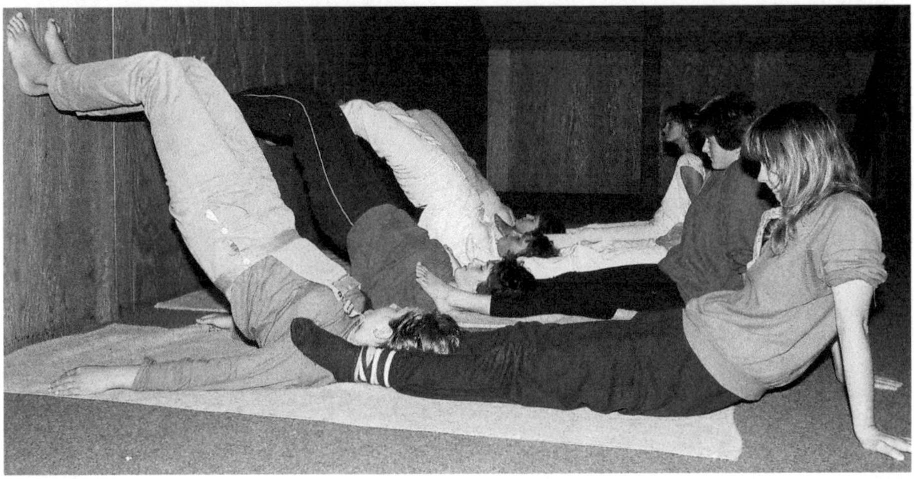
Abbildung 21

RÜCKGRAT STRECKEN

Paarübung
Lockerungsübung
Geringe Intensität
Gruppenalltag
Rücken
Kurze Übung

Eine kleine Übung zum Strecken des Rückgrats können wir anhängen.
Ein Partner liegt auf dem Rücken, die Beine nebeneinander, die Arme neben dem Körper. Der andere, der an seiner

rechten Seite kniet, legt seine linke Hand auf die linke Schulter, fasst mit der rechten Hand unter das linke Knie des Partners und zieht es hoch. Mit der linken Hand hält er nun die Schulter seines Partners am Boden, während er mit der rechten Hand das angewinkelte Bein zu sich herüberzieht, so dass sich das Becken zu ihm dreht und damit auch die Wirbelsäule etwas gedreht und gestreckt wird (Abb. 22). Er zieht konzentriert, langsam und vorsichtig. Sein Partner soll sofort Bescheid sagen, wenn ihm die Dehnung zu groß wird (oder wenn er

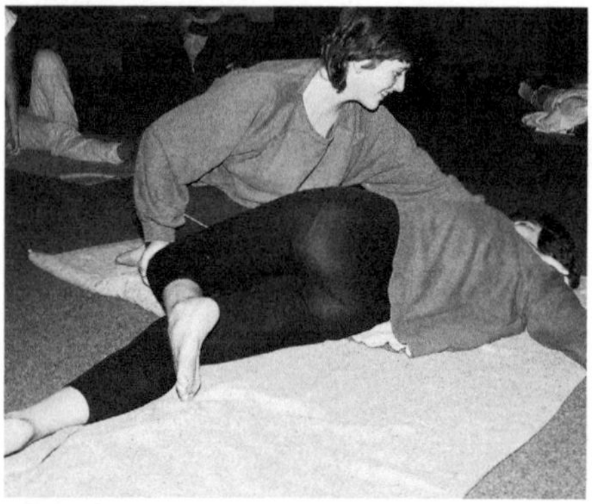

Abbildung 22

ruhig noch etwas stärker ziehen darf). Bei einem beweglichen Jugendlichen kann das Knie bis zum Boden gedrückt werden. Anschließend wird die Seite gewechselt.

HOCKER

Paarübung
Erfahrungs- und Lockerungsübung
Mittlere Intensität
Gruppenalltag
Bauch und Rücken
Kurze Übung

Eine sehr wichtige und wirkungsvolle Übung aus der «Bioenergetik» zur Vertiefung des Atems können wir in abgewandelter Form als Paar-Übung machen. Leute mit starkem Hohlkreuz sollten bei dieser Übung vorsichtig sein.

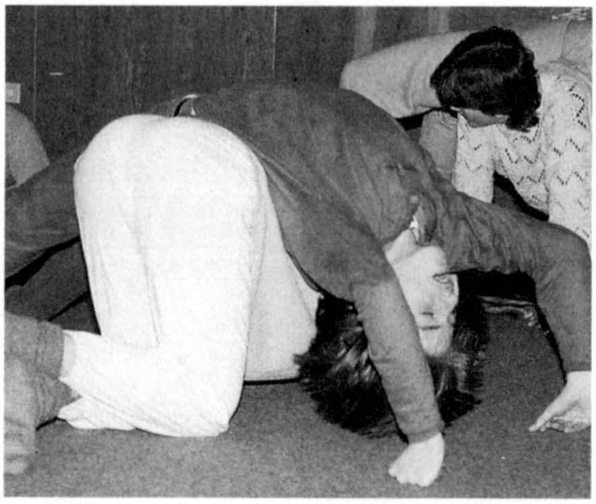

Abbildung 23

Ein Partner geht in den «Vierfüßlerstand» (auf Hände und Knie – Rücken waagerecht) und bleibt während der ganzen Übung so. Der andere legt sich mit dem Rücken quer über den Rücken des Partners und lässt alles hängen: das Gesäß und die Beine auf der einen Seite, den Oberkörper, Arme und Kopf auf der anderen Seite. Nur sein unterer Rücken liegt also quer auf dem Rücken des Partners. Er versucht, tief auszuatmen und sich zu entspannen (Abb. 23). Sehr wichtig: Zum Abschluss versucht er nicht, irgendwie wieder hochzukommen, son-

dern er rutscht so hinunter, dass er auf seinem Gesäß (wo sonst?) zu sitzen kommt. Dann steht er mit allen vier Gliedmaßen auf.
Zum Ausgleich kann er sich nun mit dem Bauch nach unten über den Partner hängen (toter Cowboy auf seinem Pferd). Auch hier tief ausatmen und (möglichst) alle Muskeln entspannen.

RÜCKEN AN RÜCKEN

Paarübung
Meditative Erfahrungsübung
Mittlere Intensität
Gruppenalltag
Rücken
Mittlere Länge

Bei dieser Übung könnt ihr mir dem Rücken «reden».
Setzt euch Rücken an Rücken auf den Boden und achtet darauf, dass der Bereich, mit dem ihr euch berührt, möglichst groß ist.
Nun macht die Augen zu und konzentriert euch auf das Gefühl in eurem Rücken. Wo spürt ihr euren Partner? Fühlt es sich angenehm an? Habt ihr das Gefühl, geschoben zu werden? Könnt ihr euch anlehnen? Nun einigt euch – ohne zu reden, nur mit dem Rücken – darauf, wer von euch anfängt, sich, seinen Rücken zu bewegen. Der andere passt sich möglichst gut an. Bewegt euch langsam, fließend, mit Phantasie… (Abb. 24)
Spürt nach, wie es ist, zu führen, geführt zu werden.
(Nach etwa drei Minuten:) Wechselt nun – nicht sofort, sondern allmählich – die Führung. Wer bisher geführt hat, versucht jetzt, sich anzupassen, sich mitzubewegen. Wie fühlt es sich an zu führen, geführt zu werden?
(Nach etwa drei Minuten:) Und nun probiert aus, ob es möglich ist, euch gemeinsam zu bewegen, ohne dass jemand führt. Ob ihr euch harmonisch bewegen könnt, ohne dass jemand den Ton angibt.
(Nach etwa drei Minuten:) Verabschiedet euch nun mit dem Rücken… Sprecht miteinander über eure Erfahrungen. Welche der drei Möglichkeiten war euch am liebsten? Sagt das etwas über euch aus?

Bei dieser Übung handelt es sich übrigens um die Abwandlung einer ähn-

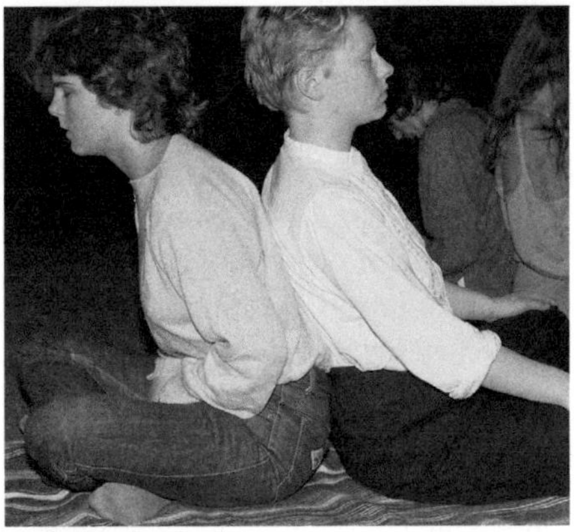

Abbildung 24

lichen, bei der sich die Partner mit den Händen berühren. Probiert selbst solche Variationen aus!

9. ATEM-ÜBUNGEN

Wie bereits beim «Hocker» deutlich wurde, beeinflussen einige Rücken-Übungen auch unsere Atmung. Dies ist nicht etwa nur eine angenehme Nebenerscheinung dieser Übungen, sondern eine ihrer wichtigsten Aufgaben. Die Atmung ist für unseren Körper zentral. Über die Atmung nehmen wir Energie auf und regulieren unseren Energiehaushalt. Dieser Energiepegel entscheidet, ob wir uns lebendig fühlen oder tot. Wichtiges, ja dementsprechend auch zentrales Anliegen der Körperarbeit ist deshalb, die Atmung zu vertiefen. Sehr viele in diesem Buch beschriebene Übungen haben Einfluss auf die Atmung. Bei den folgenden steht sie im Mittelpunkt.

ATEM FÜHLEN

Paarübung
Meditative Erfahrungsübung
Mittlere Intensität
Gruppenalltag
Rücken
Mittlere Länge

Bei dieser Übung können wir uns gegenseitig dazu verhelfen, ein neues Gefühl für unseren Atem und unseren Rücken zu bekommen.
Der eine Partner sitzt im Schneidersitz oder auf seinen Fersen (wer sehr ungern auf dem Boden sitzt, kann die Übung auch auf einem Hocker oder im Stehen machen). Der andere sitzt hinter ihm. Der hintere Partner legt dem vorderen nun seine Hände auf die Schultern, die Handballen knapp neben der Wirbelsäule und die Finger etwas nach außen gerichtet. Er spürt nach, ob er den Atem seines Partners fühlen kann. Auch sein Partner spürt nach, ob er den eigenen Atem an der Stelle fühlt, an der er die Hände spürt. Nach einer Minute rücken die Hände eine Handbreite nach unten. Und wieder fühlen beide den Atem. Dies wiederholt sich etwa jede Minute, bis der untere Rücken knapp über dem Gesäß erreicht ist. Die Hände dürfen sich, damit es bequemer ist, dabei auch drehen, so dass die Finger zur Seite oder auch eher nach unten weisen. Die Paare sollten ihre Erfahrungen austauschen, bevor eine Runde gebildet wird oder ihr im «Programm» weitermacht.

ATEMSCHAUKEL

Einzelübung
Erfahrungsübung
Mittlere Intensität
Gruppenalltag
Ganzer Körper
Mittlere Länge

Die Atemschaukel ist eine einfache und recht wirkungsvolle Übung zur Steigerung unseres Energiepegels. Sie kann jedoch am Anfang Schwierigkeiten bereiten.

Wir legen uns auf den Rücken, die Beine nebeneinander, die Arme neben dem Körper, die Augen geschlossen.

Beim ersten Einatmen stellen wir uns vor, dass der Atem durch die großen Zehen in den Körper kommt, über Innen- und Oberseite der Füße und Beine fließt und durch die Genitalien, den Bauch, die Brust, den Hals, den Nacken zum Mund strömt.
Das Ausatmen nimmt in unserer Vorstellung seinen Weg vom Mund über das Gesicht, die Kopfdecke, den Hinterkopf zum Nacken und in die Schultern. Von dort über die Außenseiten beider Arme zu den Händen. Über die kleinen Finger verlässt der Atem unseren Körper. Beim nächsten Einatmen stellen wir uns vor, dass der Atem durch die Daumen in den Körper kommt, die Innenseite der Arme entlangstreicht, über Schultern, Nacken, Kopf und Gesicht zum Mund strömt.
Wenn wir jetzt ausatmen, lassen wir den Atem über Nacken, Hals, Schultern den Rücken entlangstreichen. Über Außen- und Unterseite der Beine strömt er zu den Füßen und dort durch die kleinen Zehen aus unserem Körper.

Geh diese Folge einige Male langsam durch. Wenn du sie «drin» hast, kannst du sie mit deinem Atem in Einklang bringen. Mache die Übung konzentriert etwa fünf bis fünfzehn Minuten.

ATEMRAUM ERWEITERN

Einzelübung
Meditative Erfahrungsübung
Mittlere bis hohe Intensität
Gruppenalltag
Ganzer Körper
Mittlere Länge

Diese Übung zur Bewusstmachung und Erweiterung der Atemräume ist sehr intensiv. Wende sie also nicht bedenkenlos an.

Das folgende Experiment kann dir dabei helfen, festzustellen, in welchen Körperbereichen es dir leichter und in welchen es dir schwerer fällt zu atmen, welche Körperbereiche sich mühelos bewegen und in welchen du deinen Atem blockierst. Diese Übung zeigt dir vielleicht auch, dass in deinem Körper viel mehr Platz für Luft ist, als du denkst.

Leg dich bitte auf dem Boden auf den Rücken, die Beine nebeneinander, die Arme neben dem Körper, die Augen geschlossen. Atme bitte durch die Nase.
Achte nun auf deinen Atem. Was an deinem Körper bewegt sich beim Ein- und Ausatmen? Wie stark, wie lang ist dein Atem? Verändere vorerst nichts, sondern nimm nur wahr, wie du atmest…
Machst du eine Pause nach dem Einatmen oder Ausatmen? Sind Einatmen und Ausatmen gleich oder verschieden lang?… Atme nun in deinen Bauch. Deine Bauchdecke hebt sich, wölbt sich beim Einatmen, beim Ausatmen wird dein Bauch wieder flach…

Jetzt versuche, ob du so atmen kannst, dass beim Einatmen Druck auf deinen Beckenboden (die Region zwischen den Beinen) entsteht. Dieser Druck verschwindet beim Ausatmen wieder… Nun atme in deinen unteren Rücken. Vielleicht spürst du durch den Bodenkontakt, dass sich dein unterer Rücken beim Atmen bewegt…
Jetzt atme vor allem mit den Seiten deines Bauches…
Versuche nun, alle diese Bewegungen zusammenzunehmen und mit dem gesamten Bauch und Unterleib zu atmen. Dein ganzer Unterleib dehnt sich beim Einatmen aus und zieht sich beim Ausatmen wieder zusammen…
Nun atme vor allem mit deiner Brust. Dein Brustkorb dehnt sich beim Einatmen und zieht sich beim Ausatmen zusammen…
Achte besonders auf die unteren Rippen und die Region um deine Schlüsselbeine…
Nun achte auf deinen Rücken in Höhe des Brustkorbes, vor allem auf den Bereich der unteren Rippen. Spürst du die Bewegung im Kontakt mit dem Boden?… Jetzt atme in deine Lungenspitzen… jetzt in deine Schultern. Bewegen sich deine Schultern beim Atmen?
Nun bewege die Seiten deines Brustkorbes beim Atmen. Versuche, einige Atemzüge lang mit der ganzen Brust zu atmen, alle genannten Bereiche zu spüren…
Und jetzt nimm einige Atemzüge lang auch noch die untere Körperhälfte hinzu…
Jetzt atme bitte in deinen Hals. Stell dir vor, dein Hals dehnt sich beim Einatmen und zieht sich beim Ausatmen wieder zusammen…
Jetzt atme in deinen Rachenraum…
Jetzt in Kiefer- und Stirnhöhle…
Und jetzt stell dir vor, dein ganzer Kopf atmet mit…
Atme nun einige Züge mit dem ganzen Körper. Blase deinen Körper beim Einatmen wie einen Luftballon auf und lasse ihn beim Ausatmen wieder ganz zusammenfallen…
Atme jetzt wieder normal und spüre, wie sich dein Atem und dein Körper anfühlen. Was hat sich im Vergleich zum Anfang der Übung verändert?…
Achte in Zukunft immer mal wieder darauf, wo und wie du atmest!
Versuche jetzt, wieder hierher zurückzukommen. Mach zuerst kleine Bewegungen mit den Fingern und Händen. Dreh den Kopf hin und her. Mach die Augen auf. Rolle dich auf die Seite und steh mit allen Vieren auf.

Diese Übung lädt den Körper stark mit Energie auf. Die Energie kann man für andere Übungen nützen oder auch durch Tobe-Spiele wieder ein wenig abbauen.

10. IST DAS NICHT THERAPIE?

Viele Übungen, die ich in diesem Buch beschreibe, sind im Therapiebereich entstanden. Die gerade geschilderte Atemübung zum Beispiel habe ich bei einem «Rebirthing-Kurs» kennen gelernt. Rebirthing ist eine Atemtherapie-Methode.

Viele Körpertherapierichtungen der humanistischen Psychologie haben Methoden der Körperarbeit entwickelt, die aber mehr oder weniger abgewandelt auch in Jugend- und Erwachsenenbildung verwendet werden können. Zu diesen Therapierichtungen zählen vor allem die Bioenergetik, die Neoreichianischen Körpertherapien, verschiedene Atemtherapien und Massageformen und einige östliche (nicht eigentlich therapeutische) Systeme wie Yoga und Zen.

Wie unterscheidet sich die psychotherapeutische Arbeit von der Jugend- und Erwachsenenbildung? Zuerst zu den Gemeinsamkeiten. Die grundsätzlichste: Auch in der Therapie wird gelernt. Der Neurotiker zum Beispiel lernt, dass er weit mehr Verhaltensmöglichkeiten hat, als er annimmt, und dass sie ihm offen stehen. Er lernt, dass er für sich verantwortlich ist, dass er sich akzeptieren und auf sich vertrauen kann. Der Schizoide lernt, vor allem durch die Integration seines Körpergefühls, seine Teile zusammenzusetzen, seine Spaltung zu überwinden. Ein Blick in die Einleitung dieses Buches zeigt, dass durch die hier vorgestellten Übungen Ähnliches gelernt werden soll.

Doch wo liegen die Unterschiede? Meiner Meinung nach in mehreren Punkten: erstens bei den Teilnehmern und ihren Interessen. Die Patienten einer Therapie machen diese deshalb, weil sie mit ihrem Leben auf irgendeine Weise nicht zurechtkommen und darunter leiden. Das Problem, der Konflikt steht im Mittelpunkt. Die Körperarbeit dieses Buches zielt auf «normale»[14] Menschen ab, die sich weiterentwickeln möchten, die mehr von ihrem Potential nutzen wollen.

Der zweite Unterschied liegt im Konflikt oder Problem selbst. Oft dient die Körperarbeit in der Therapie nur dazu, die «Abwehr», den Charakterpanzer (Reich) des Patienten zu durchdringen, um Traumata oder andere Erfahrungen herauszuarbeiten, die den Problemen zugrunde liegen. Im Mittelpunkt unserer Arbeit stehen dagegen positive Aspekte, neue Möglichkeiten des Fühlens, Denkens und Handelns.

Ein dritter Unterschied liegt in der Beziehung zwischen Therapeut und Patient/Klient. Sie ist eine andere, als die zwischen einem Gruppenleiter und seinen Teilnehmern. Gruppenleiter und Teilnehmer stehen im Prinzip auf einer Stufe – sie sind beide Lernende und Wachsende – der eine vielleicht mit mehr Erfahrung als der andere. Beide sind sie jedoch auf der gleichen Ebene.[15]

11. FÜHLEN UND GEFÜHL

Nach diesem Exkurs zum Bereich der Therapie steht wieder ein Block von Übungen auf dem Programm. Thema ist diesmal «Fühlen und Gefühl». Bei der Mehrzahl der folgenden Übungen stehen die Hände im Mittelpunkt. Wenn wir etwas erfühlen, machen wir dies meist mit den Händen. Aber auch den Gefühlen und ihrem Zusammenhang mit dem, was wir im Körper spüren, werden wir nachgehen.

HÄNDE FÜHLEN

Paarübung
Meditative Erfahrungsübung
Mittlere Intensität
Gruppenalltag
Hände
Mittlere Länge

Bei dieser Übung versuchen wir, Gefühle durch die Hände mitzuteilen.

Setzt euch einander gegenüber, so nahe, dass ihr euch später bequem die Hände reichen könnt und schließt die Augen...
Bei dieser Übung sollt ihr versuchen, einige Gefühle, die ich euch nennen werde, mit den Händen auszudrücken. Bitte spürt nach, was in euch, in euren Händen dabei vorgeht. Werden die Hände kalt oder heiß, seid ihr dabei ruhig oder aufgeregt?...
Versucht nun, euch zu entspannen...
Fühlt ihr, dass ihr nicht allein seid?...
Jetzt reicht euch bitte die Hände, um «Begrüßung» auszudrücken (jede Übung ca. eine Minute)...
Jetzt versucht bitte, «Unsicherheit» mit den Händen zu zeigen...
Nun legt bitte «Sicherheit» in eure Hände...
Jetzt «Trauer»...
Jetzt «Freude»...
Nun teilt euch bitte «Ablehnung» mit den Händen mit...
Nun zeigt euch, dass ihr euch gern habt...
Jetzt verabschiedet euch bitte...
Sprecht mit eurem Partner über eure Erfahrungen... (etwa fünf Minuten)
Dann treffen wir uns im Kreis.

GEFÜHLE MODELLIEREN

Paarübung
Ausdrucks- und Erfahrungsübung
Mittlere Intensität
Gruppenalltag
Ganzer Körper
Hauptübung

Dies ist eine der wenigen Übungen, zu denen wir Material brauchen: Papier und einen Stift. Schreibe folgende (oder andere) Gefühle oder «Zustände» auf je einen Zettel: Wut, Trauer, Unbeschwertheit, Glück, Freude, Misstrauen, Angst, Verzweiflung... Du brauchst so viele Zettel, wie Paare mitmachen. Du kannst einzelne Gefühle mehrfach aufführen.
Je ein Partner zieht einen Zettel und versucht dann, schweigend und ohne dem Gegenüber das «Gefühl» zu

nennen, dessen Körper so zu modellieren, dass dieser das verlangte Gefühl ausdrückt. Anweisungen darf er dabei nicht geben. Der passive Partner versucht, sich in die Mimik und Gestik einzufühlen, in die sein Körper und Gesicht geformt werden. Ist der aktive Partner fertig, versucht der passive, das Gefühl zu erraten. Stimmt es nicht, so kann der Aktive versuchen, die «Statue» zu verbessern. Dies macht er so lange, bis das «Gefühl» erraten ist. Dabei geht es nicht um den exakten Begriff. Gilt es, «Wut» zu erraten, ist beispielsweise auch «Zorn» gültig. Anschließend wechseln die Partner.
Mische die Zettel und teile sie nochmals aus. Lass die Paare ihre Erfahrungen austauschen und mache erst dann eine neue Runde. Du wirst feststellen, dass sich positive Gefühle viel schwerer modellieren lassen als negative.

EINE HAND UNTER TAUSENDEN

Paarübung
Meditative Erfahrungsübung
Mittlere Intensität
Gruppenalltag
Hände
Hauptübung

Bei dieser Übung werdet ihr staunen, welches Gefühl ihr für Hände entwickeln könnt. Im Laufe dieser Übung gehen die Teilnehmer mit geschlossenen Augen umher. Sorge dafür, dass sie sich dabei nicht verletzen können. Die Teilnehmer sollten Schmuck, den sie an Armen oder Händen tragen, nach Möglichkeit ablegen.

Geh langsam und bewusst im Raum umher. Sieh dir die Menschen an, die außer dir im Raum sind. Nimm wahr, was du bei den einzelnen Menschen fühlst. Ob du ihnen gern nahe bist, oder welchen Abstand du von ihnen möchtest.
(Wenn jeder jeden wahrgenommen haben kann:) Nun such dir durch Augenkontakt jemanden, mit dem du eine Übung machen möchtest, jemanden, der dich interessiert.
(Wenn sich alle Paare gefunden haben:) Stellt euch einander gegenüber, gebt euch die Hände und schließt die

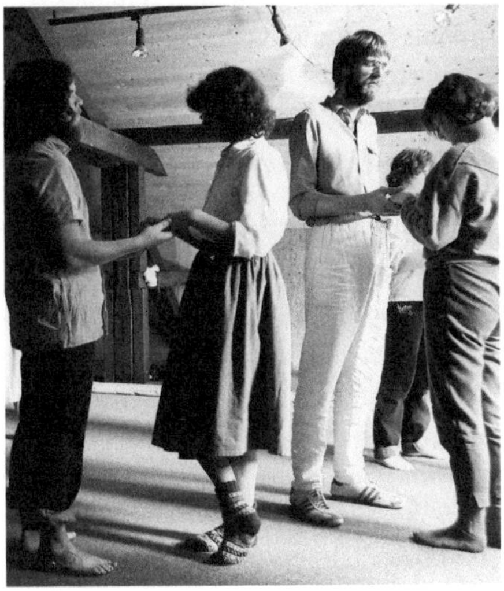

Abbildung 25

Augen. Entscheidet nun, ohne Worte, wer von euch beiden beginnt, die Hände des anderen zu ertasten, mit den eigenen Händen kennen zu lernen… (Abb. 25). Merk dir die Einzelheiten. Wie fühlt sich die Haut an? An der Innenseite, der Außenseite der Hände? Zwischen den Fingern? Wie sind die Fingernägel? Lang, kurz, breit, schmal, rund geschnitten oder zackig? Wie warm sind die Hände,

wie lebendig? Spürst du Energie von ihnen ausgehen? Was fühlst du, wenn du diese Hände hältst?...
Wenn du meinst, die Hände des Partners zu kennen, dann ist er an der Reihe. Wenn ihr beide fertig seid, verabschiedet euch, haltet die Augen geschlossen und wartet.
(Wenn die meisten fertig sind:) Geh nun wieder im Raum umher, diesmal mit geschlossenen Augen...
Und nun versuche, die Hände wiederzufinden, die du kennen gelernt hast. Wenn ihr euch beide sicher seid, könnt ihr die Augen wieder öffnen...
(Wenn sich alle gefunden haben:) Erzählt euch nun gegenseitig, was ihr erfahren habt. Dann treffen wir uns in der Runde.

FREUND-FEIND-SPIEL

Gruppenübung
Erfahrungsübung
Geringe bis mittlere Intensität
Gruppenalltag
Ganzer Körper
Hauptübung

Bei dieser Übung geht es um unsere Erwartungen und wie sie unser Gefühl und unsere Körperhaltung beeinflussen. Wichtig sind dabei vor allem die Zusammenhänge zwischen Gefühl und Haltung.
Übung mit geschlossenen Augen. Verletzungsgefahren beseitigen.

Ich möchte dich zu einem Experiment einladen, bei dem du fühlen kannst, wie dich deine Erwartungen körperlich beeinflussen. Achte auch auf Zusammenhänge zwischen deiner Körperhaltung und deinem Gefühl. Schließe die Augen und geh langsam, schweigend durch den Raum...
Stell dir nun vor, dass alle anderen deine Feinde sind. Versuche unbedingt Berührungen zu vermeiden. Falls du doch an jemanden stößt, suche sofort das Weite... Spüre, wie sich dein Körper anfühlt. Welche Körperhaltung du hast. Wo du verspannt bist. Wie du dich fühlst. Geh weiter so durch den Raum (etwa drei Minuten).
Nun stell dir vor, dass dir die anderen gleichgültig sind. Wie die Wand. Wenn du jemanden berührst, macht es nichts, es ist egal, du gehst weiter...
Achte darauf wie dein Körper sich jetzt anfühlt, wie du dich fühlst (etwa drei Minuten).
Jetzt stell dir vor, dass alle anderen deine Freunde sind. Du freust dich, wenn du jemanden triffst. Du begrüßt ihn, zeigst ihm deine Freude. Du verabschiedest dich aber auch wieder...
Wie fühlt sich dein Körper, dein Gesicht jetzt an? Wie fühlst du dich? Was hat sich alles verändert? (Etwa drei Minuten)
Gesprächsrunde!

12. MEDITATIVE ÜBUNGEN

Waren die letzten Übungen schon ziemlich ruhig, so betreten wir jetzt ein Gebiet, in dem Sammlung, Konzentration und Entspannung im Mittelpunkt stehen.

Die folgenden Übungen sind keine Meditationen. Dieser Anspruch wäre zu hoch. Es handelt sich um meditative Übungen, die meist dem autogenen Training ähneln.

HAWAIIANISCHE KURZMEDITATION

Einzelübung
Meditative Übung
Geringe Intensität
Gruppenalltag
Ganzer Körper
Mittlere Länge

Eine sehr einfache, kurze und dennoch äußerst wirksame Meditationsübung habe ich in der Hawaiianischen Huna-Lehre gefunden.[16]

Spring ein paar Mal auf und ab, um den Kreislauf etwas zu aktivieren...
Setz dich entspannt hin...
Richte deine Aufmerksamkeit nun auf deinen Atem und nimm wahr, wie die Luft durch deine Nase aus- und einströmt...
Nimm dabei bewusst die Bewegungen in deiner Brust und in deinem Bauch wahr...
Während du mit voller Aufmerksamkeit bei deinem Atem bleibst, erweitere deine Wahrnehmung auf deinen Puls- oder Herzschlag...
Nun erlaube der Wahrnehmung, sich mühelos auszudehnen, bis sie deinen gesamten Körper einschließt...
Nimm die natürliche Harmonie von Körper und Geist wahr...

Die ersten Male sollte für jeden Schritt etwas Zeit gelassen werden. Später kann die Meditation in vier Atemzügen erfolgen:

Spring ein paar Mal auf und ab, um den Kreislauf etwas zu aktivieren...
Erster Atemzug: Konzentriere dich darauf, wie die Luft durch die Nase ein- und ausströmt.
Zweiter Atemzug: Nimm dabei bewusst die Bewegung in Bauch und Brust wahr.
Dritter Atemzug: Erweitere die Konzentration, um auch den Herzschlag oder Puls wahrzunehmen.
Vierter Atemzug: Sei dir deines gesamten Körpers in diesem gegenwärtigen Augenblick bewusst.

Diese kurze Übung kann immer wieder verwendet werden, um sich zu zentrieren und zu «ankern».

ANSPANNEN – ENTSPANNEN

Einzelübung
Meditative Übung
Mittlere Intensität
Gruppenalltag
Ganzer Körper
Mittlere Länge

Ich möchte mit dieser Übung beginnen, da sie vor allem für Anfänger in Meditation und autogenem Training geeignet und sehr vielseitig einsetzbar ist. Durch das Anspannen und das darauf folgende Entspannen verschiedener Körperteile wird sinnfällig, was mit «Entspannung» gemeint ist.

Leg dich bitte auf dem Boden auf den Rücken, die Beine nebeneinander, die Arme neben dem Körper. Schließ die Augen und versuche, dich zu entspannen...
Achte auf deinen Atem. Wo spürst du beim Atmen Bewegung in deinem Körper? Achte auch auf die kleinste Muskelbewegung...
Richte jetzt deine Aufmerksamkeit auf die Muskeln deiner Kopfhaut. Wie fühlen sich deine Kopfhaut und Stirn an? Jetzt spanne deine Kopfhaut- und Stirnmuskeln an. Halte die Spannung eine Weile. Atme nun aus und entspanne dieses Gebiet so weit wie möglich.
Wie wir jetzt mit Kopfhaut und Stirn vorgegangen sind, so behandeln wir systematisch alle Teile unseres Körpers. Ich sage nur den Körperteil an, der jeweils dran ist. Richte zuerst deine Aufmerksamkeit auf diese Region. Spüre, wie sie sich anfühlt. Spanne dann die Muskeln dieser Region an und lass schließlich ganz los, entspanne diesen Körperteil. Versuche, die Muskelbewegungen zu isolieren, das heißt nur die Muskeln der jeweiligen Region anzuspannen und alle anderen locker zu lassen. Achte darauf, welche Bewegungen flüssig ablaufen und welche ruckartig.
Konzentriere dich jetzt auf die Muskeln um deine Augen, spanne sie... und entspanne sie... Deine Wangen, dein Mund, dein Kinn, dein Hals... dein Nacken, deine Schultern... deine Arme... Jetzt richte dein Bewusstsein auf deine Finger und Hände, verkrampfe sie und entspanne sie wieder... dein Brustkorb... dein Zwerchfell... dein Bauch und Unterleib... dein oberer Rücken... dein unterer Rücken...
Konzentriere dich jetzt auf deine Pobacken... Kneife sie zusammen, so gut du kannst und entspanne sie... die Muskeln deiner Genitalien... die Oberschenkelmuskeln... die Knie... die Waden... deine Fußgelenke, Füße und Zehen...
Jetzt spanne noch einmal deinen ganzen Körper an. Zieh dich mit aller Kraft zusammen... und lass völlig los... Stell dir vor, dass dein Atem deinen Körper immer mehr entspannt. Die Spannungen fließen mit dem Atem aus deinem Körper heraus. Vertraue deinen Körper dem Boden an. Vertraue dem Boden. Stell dir vor, du sinkst in den Boden ein... (ca. fünf Min.)
Bewege jetzt leicht deine Finger, dann deine Hände. Rolle den Kopf hin und her. Öffne die Augen. Rolle dich auf den Bauch und steh langsam auf. Versuche, dir die Entspannung noch eine Weile zu bewahren.

KÖRPERMEDITATION

Einzelübung
Meditative Übung
Mittlere Intensität
Gruppenalltag
Ganzer Körper
Mittlere Länge

Diese Übung setze ich gern bei Seminaren mit Vierzehn- bis Achtzehnjährigen zum Thema «Sexualerziehung» ein. Denn ein Hauptproblem der Jugendlichen dieses Alters ist ihr oft gestörtes Verhältnis zum eigenen Körper.

Bei dieser Meditation könnt ihr euch entspannen und euer Verhältnis zu eurem ganzen Körper überprüfen, auch zu Teilen, zu denen ihr wenig Kontakt habt...
Legt euch bitte auf den Rücken, die Beine nebeneinander, die Arme neben dem Körper, die Augen geschlossen. Versucht euch zu entspannen...
Achtet auf euren Atem... Lasst den Ausatem einfach fließen. Wenn ihr ganz ausgeatmet habt, kommt der Einatem von selbst. Lasst euren Ausatem langsam tiefer und länger werden... Hört dem Fließen eures Atems zu. Er führt euch tiefer und tiefer in einen Zustand der Ruhe... Lasst eure Gedanken sein. Schiebt sie nicht weg, aber folgt ihnen auch nicht. Sie sind gleichgültig...
Lenkt euer Bewusstsein nun auf eure Füße. Wie liegen eure Fersen am Boden auf? Liegen die linke und die rechte Ferse gleich auf? Was für ein Gefühl habt ihr für eure Füße? Spürt ihr sie, oder sind sie euch fremd? Sind sie euch nahe? Jetzt geht zu euren Waden. Wie liegen sie am Boden auf? Sind sie angespannt oder locker? Sind sie euch vertraut oder eher unbekannt?...
Jetzt konzentriert euch auf eure Knie. Welches Gefühl habt ihr in euren Knien, und welches Gefühl habt ihr für eure Knie? Jetzt geht zu den Oberschenkeln. Wie liegen sie auf dem Boden auf? Wie fühlen sie sich an?...
Versucht euch vorzustellen, dass ihr eure Füße und Beine von außen anschaut. Wie geht es euch mit ihnen? Sind euch eure Füße zu groß oder zu klein oder gefallen sie euch, wie sie sind? Eure Beine: sind sie euch zu lang, zu kurz, zu krumm? Mögt ihr sie?... Wie geht es euch mit eurer Verbindung zur Erde?...
Jetzt lenkt euer Bewusstsein auf das Becken. Wie liegen die Pobacken am Boden auf? Ist euer Schließmuskel angespannt oder locker? Eure Geschlechtsorgane – wie geht es euch mit eurer Scheide oder eurem Glied? Mögt ihr eure Geschlechtsorgane? Findet ihr sie schön oder hässlich? Sind sie Teil von euch oder euch fremd?...
Jetzt geht zu eurem Unterleib und eurem Bauch. Sind sie angespannt oder frei? Mögt ihr euren Bauch? Ist er euch zu dick oder zu dünn? Was für ein Gefühl habt ihr für euren Bauch? Was fühlt ihr in eurem Bauch?...
Jetzt konzentriert euch auf eure Brust. Kann sie sich beim Atmen frei bewegen? Was fühlt ihr in der Brust?... Gefällt euch eure Brust? Wenn ihr Mädchen (Frauen) seid – wie geht es euch mit eurem Busen?...
Jetzt geht zu eurem Rückgrat. Spürt

ihr es in seiner ganzen Länge? Wo liegt es auf dem Boden auf, wo nicht?... Euer Rücken – kennt ihr eure Rückseite?...
Und jetzt fühlt euch in eure Hände hinein. Wie geht es euch mit euren Händen? Was bedeuten sie euch?...
Eure Arme – liegen beide Arme gleich auf ? Wo spürt ihr eure Arme? Dürfen eure Arme und Hände greifen, oder haltet ihr euch zurück?...
Jetzt lenkt euer Bewusstsein in eure Schultern, zu eurem Nacken. Sind sie verspannt oder locker?... Euer Hals – ist er offen? Kann die Luft beim Atmen ungehindert fließen?...
Nun geht zu eurem Gesicht. Welche Partien sind angespannt? Findet ihr euer Gesicht schön? Was an eurem Gesicht mögt ihr besonders gern? Seht ihr euch gern ins Gesicht? Mögt ihr eure Haare? Spürt, wie euer Kopf auf dem Boden aufliegt. Wie fühlt sich euer Kopf an?...
Stellt euch vor, ihr würdet zwei Meter über euch selbst schweben und euch hier liegen sehen. Was für ein Gefühl habt ihr für diesen Menschen?...
Und jetzt fühlt noch einmal in euren ganzen Körper hinein und achtet auf euren Atem...
Nun kommt langsam wieder hierher zurück. Macht kleine Bewegungen mit den Fingern, den Händen. Dreht den Kopf hin und her. Öffnet die Augen. Streckt euch. Rollt euch auf die Seite und steht langsam mit allen Vieren auf.

LÖWENZAHN-TANZMEDITATION

Einzelübung
Meditative Übung
Geringe Intensität
Gruppenalltag
Ganzer Körper
Hauptübung

Diese sanfte, sehr reizvolle Tanzmeditation hat die CD «Celebration» von Deuter zur Grundlage. Die Teilnehmer vollziehen das Leben des Löwenzahns mit und können dabei Erfahrungen über ihr eigenes Leben machen.

Bei dieser Tanzmeditation kannst du das Leben eines Löwenzahns nachfühlen. Das mag dir seltsam erscheinen. Aber probier es aus. Ich gebe dir zur Musik verschiedene Anweisungen. Versuche dich in diese Anweisungen hineinzufühlen. Drücke mit deinem Körper die verschiedenen Zustände aus.
(Track 3: Vom hohen Himmel...) Leg dich bitte auf den Boden und entspanne dich... Du bist ein Samenkorn in der Erde. Es ist dunkel und warm. Du bist geborgen, allein, entspannt... Du liegst ganz still und wartest. Auf den Frühling...
(Noch dasselbe Stück: Helle Gitarrenmusik setzt ein.) Feuchtigkeit kommt herab. Es wird wärmer. In dir regt sich Leben. Ein zarter, kleiner Trieb schiebt sich nach oben; der Sonne und Luft entgegen...
(Noch dasselbe Stück: Ende der hellen Gitarrenmusik) Doch langsam. Warte noch. Der Winter ist nicht ganz vorbei...

(Track 5: Grass Grows By Itself) Warmer, frischer Regen. Es ist Frühjahr…
(Dasselbe Stück: beschwingte Gitarrenmusik) Du beginnst zu wachsen, dich hochzuschieben. Du wirst größer und größer…Steh langsam auf… Deine Blüte öffnet sich der Sonne. Du bist ein großer, starker Löwenzahn. Du wiegst dich im Wind…
(Dasselbe Stück: Flötenmusik) Du bist eine Pusteblume geworden. Nicht mehr gelbe Sonne, sondern grauer Ball…
(Track 8: Easy Is Right) Wind kommt auf. Du bist ein Löwenzahnsame. Der Wind reißt dich los. Du schwebst. Du fliegst. Die Luft ist dein Element. Unter dir Wälder und Wiesen…
(Dasselbe Stück: Die Musik wird ruhiger.) Der Wind lässt nach. Du landest. Liegst auf der Erde…
(Track 3: Vom hohen Himmel…) Laub deckt dich zu. Du befindest dich wieder unter der Erde… Vor dir liegt ein langer Winter…

Tipp: Nimm die Musik in der richtigen Reihenfolge auf Kassette auf und beschrifte diese mit den Zählwerkangaben deines Recorders.

HULUPPU-TANZMEDITATION

Einzelübung
Meditative Übung
Mittlere Intensität
Gruppenalltag
Ganzer Körper
Mittlere Länge

Die mindestens 4000 Jahre alte Geschichte von Inanna, Königin Sumers, ist außerordentlich reich an Wissen und Weisheit. Diese Tanzmeditation erlaubt es, dem Anfang dieses großen Heldenmythos nachzufühlen: Die junge Inanna findet den Huluppu-Baum, Symbol für ihren Körper.

Leg dich auf den Boden und roll dich zusammen.
Stell dir vor, du bist ein Samenkorn. Du bist tief in die Erde eingebettet. Fühle dieses Bild mit deinem ganzen Körper. Du bist der Same eines Baumes.
Du spürst, dass du größer wirst. Du dehnst dich etwas aus und wächst. Deine Schale platzt, und du durchstößt als kleiner Keimling die Erdoberfläche. Du spürst die Sonne, das Licht, die Luft.
Du wirst größer und entwickelst Wurzeln. Steh auf und tanze den Tanz deiner Wurzeln. Vor allem mit Füßen, Beinen und Becken.
(Rhythmische, melodische Musik, z. B. Gandalf: Fantasia, Track 1, 2, 3)
Du wirst größer und größer und entwickelst Wurzeln. Tanze den Tanz deiner Wurzeln. Vor allem mit Füßen, Beinen und Becken.
Welche Art von Wurzeln wachsen aus dir? Wie tief und wie breit dringen deine Wurzeln ins Erdreich?

Gibt es etwas, das dich behindert? Steine, Tiere, Trockenheit? Gibt es Stellen in deinen Beinen oder im Becken, die verspannt sind, die schmerzen, die dunkel sind?
Welches Element oder welche Elemente unterstützen dich besonders?
Du wirst größer, und dein Stamm beginnt zu wachsen. Tanze deinen Stamm. Mit Bauch, Brust und Oberkörper. Welche Art von Stamm fühlst du wachsen? Bist du kräftig und stark oder geschmeidig und biegsam?
Gibt es etwas, was dich am Wachstum hindert? Gibt es angespannte, taube, schmerzende Bereiche in Bauch und Brust?
Welches Element oder welche Elemente sind für deinen Stamm besonders wichtig?
Jetzt wächst deine Krone. Tanze deine Krone. Mit Armen und Kopf. Welche Art von Krone trägst du? Hat sie Blätter oder Nadeln? Trägt sie Blüten, Zapfen, Früchte?
Welche Elemente sind für dich besonders wichtig? Gibt es etwas, womit du kämpfst? Sind da Schmerzen?
Tanze den Tanz des ganzen Baumes... In welcher Landschaft stehst du? Auf welchem Boden?
(Erst stark bewegende, dann ruhige Musik, z. B. Gabrielle Roth: Intitiation, Track 3, 4.)
Spüre den Wind in deiner Krone. Sturm kommt auf. Wasser tritt über die Ufer. Langsam lösen sich deine Wurzeln, du kommst in Bewegung... Du wirst von den Fluten mitgerissen...
Plötzlich spürst du, dass dich jemand ganz vorsichtig hält. Du wirst in einen Garten getragen und wieder eingepflanzt. Erde umgibt deine Wurzeln. Du richtest dich wieder auf.

Wenn du willst, kannst du die Übung damit abschließen, dass du ein Bild deines Baumes malst und dich mit einem Partner über folgende Frage austauschst: Wenn die Wurzeln für Lust und Sexualität, der Stamm für Gefühle und die Krone für den Geist stehen, was hat das mit meinem Leben zu tun?

13. KANN BEI DIESER KÖRPERARBEIT ETWAS PASSIEREN?

Vielleicht beschäftigt dich diese Frage schon länger. Meine Antwort: *Das Schlimmste, was normalerweise passieren kann, ist, dass jemand davon abgeschreckt wird, sich in Zukunft mit seinem Körper-Bewusstsein zu beschäftigen.*

Doch ich möchte diese Frage genauer betrachten. Manche der beschriebenen Übungen und Spiele können die Teilnehmer mit verdrängten, unbewussten[17] Dingen in Kontakt bringen. Die meisten Muskelverspannungen in unserem Körper hängen mit Situationen zusammen, die wir nicht bewältigen oder bewältigt haben. Lösen sich solche Verspannungen, zum Beispiel in einer Massage oder einer Meditation, so können heftige, meist schmerzhafte Gefühle frei werden. Damit kann die Erinnerung an ein Trauma, eine leidvolle Situation oder Ähnliches verbunden sein. Ein Therapeut würde nun genau dieses Gefühl, diese Erinnerung aufgreifen und bearbeiten. Ein Gruppenleiter ohne Therapieausbildung kann das nicht. Was soll er tun?

Das Wichtigste ist, dass er dem Gruppenmitglied zeigt, dass seine Gefühle akzeptiert sind, dass sie in Ordnung sind. Große Tröstungsbemühungen sind nicht nötig, eher schädlich. Genauso falsch ist es, so zu tun, als wäre nichts, oder gar in Panik zu geraten. Hat der Teilnehmer den Eindruck, seine Gefühle sind akzeptiert, so kann er sie meist leicht integrieren, annehmen, verarbeiten oder wieder zurückstellen.

Die Übungen sind so ausgewählt, dass sie normalerweise keinen plötzlichen Zugang zum Unterbewusstsein bewirken. Übrigens kannst du den Teilnehmern auch sagen, dass sie die Intensität vieler Übungen steuern können, indem sie die Augen offen halten oder schließen. Wie du selber weißt, ist unser Körpergefühl und unser Zugang nach «innen» bei geschlossenen Augen normalerweise viel intensiver als bei offenen (bei Blickkontaktübungen ist es umgekehrt). Solange du niemanden zu Übungen drängst, die er nicht machen will (vielleicht spürt er, warum), und immer wieder betonst, dass jeder bei jeder Übung selbst bestimmen kann, wie weit er gehen will, dürfte normalerweise nichts «passieren». Ein weiteres Problem kann auftauchen, wenn einige Übungen – falsch verstanden – das negative Selbstwertgefühl eines Gruppenmitglieds verstärken. Manche Experimente zeigen, wie schwer wir uns mit wirklichem Kontakt zu anderen Menschen tun. Bei verschiedenen Übungen spüren wir unsere Verspannungen recht klar. Kurz gesagt: die Probleme, die jemand mit sich hat, können durch die Übungen in diesem Buch recht deutlich werden. Zwei Dinge kannst du tun, um dem Risiko vorzubeugen, dass sich jemand immer weiter in seine Probleme bohrt und später, nach dem Kurs, allein nicht mehr herausfindet. Achte als Gruppenleiter darauf, dass immer wieder für alle Teilnehmer positive Erfahrungen möglich sind. Auch Spaß soll nicht zu kurz kommen. «Alber-

ne» Spiele sind manchmal eine gute Abwechslung zur ernsten Arbeit mit sich selbst.
Aber noch wichtiger: Betone immer wieder, dass jeder in Ordnung ist, so wie er ist. Vermeide Bewertungen und versuche, Bewertungen durch die Gruppe oder den Teilnehmer selbst abzubauen. Es geht nicht darum, etwas «besser» oder «schlechter» zu machen, sondern einfach wahrzunehmen, was ist und es so sein zu lassen (im Sinne von «akzeptieren»!). Was ist, ist. Änderungen geschehen dann vielleicht von selbst.
Nach diesen psychologischen Problemen noch einige Anmerkungen zu den physiologischen: Die aufgeführten Übungen sind für gesunde Menschen problemlos. Leute mit Wirbelsäulenschäden müssen bei entsprechenden Übungen vorsichtig sein. Verschiedene Dehnungsübungen sollten der Anleitung entsprechend konzentriert und nur bis zur Schmerzgrenze gemacht werden, dann treten Bänderzerrungen oder Ähnliches nicht auf. Es kann sein, dass sich Gruppenmitglieder nach einzelnen Übungen oder nach einem Kurs müde und abgeschlagen fühlen, einen «Kater» haben oder irgendwo Schmerzen fühlen, die sie vorher nicht hatten. Dies ist normalerweise ein positives Zeichen. Es zeigt, dass ein Zustand, der vorher verdrängt war und verdeckt wurde, zutage getreten ist. Lösen sich Muskelblockierungen auf, die durch lange anhaltende Überforderung entstanden sind, tritt oft erst eine tiefe Müdigkeit ein. Es ist unter Umständen wichtig, dies den Gruppenmitgliedern zu erklären, um Verunsicherung zu vermeiden.

14. WAS TUN MIT ZU VIEL ENERGIE? AUSDRUCKSÜBUNGEN UND SPIELE ZUM TOBEN

Meditative Übungen, aber auch viele andere, bewirken vermehrte Energie. Diese Energie lässt unseren Körper pulsieren, macht uns lebendig, munter. Wir können sie nutzen, um zu wachsen, uns zu entwickeln, in unbekannte Bereiche vorzustoßen.
Wir können sie auch nutzen, um uns auszudrücken, zu tanzen, zu singen, andere zu lieben, zu malen... Und wir können sie wieder abbauen, indem wir uns austoben, springen, laufen, raufen... *Der Phantasie sind also keine Grenzen gesetzt.*
Falls es mit der Phantasie mal nicht so weit her ist, hier als Notbehelf einige Vorschläge. Wenn die Energie dazu dienen soll, weiterzugehen, zu wachsen, bediene dich weiterer meditativer Übungen und Erfahrungsübungen aus diesem Buch. Andere Vorschläge wären «Scharade» und das Spiel «Blindhauer» aus den «Neuen Spielen».[18]

SCHARADE

Gruppenübung
Ausdrucksübung
Geringe Intensität
Gruppenalltag
Ganzer Körper
Hauptübung

Für die «Scharade», ein Pantomime-Spiel, braucht ihr Zettel und Stifte. Jeder schreibt ein zusammengesetztes Hauptwort auf den Zettel und faltet diesen zusammen. Die Zettel kommen auf einen Haufen und werden gut gemischt. Der Mutigste zieht den ersten Zettel und versucht, durch Pantomime das Wort darzustellen. Reden ist streng verboten! Alle anderen raten (außer demjenigen, der sein eigenes Wort erkennt). Das Wort kann mit einer einzigen Pantomime dargestellt werden. Man kann aber auch die einzelnen Teile getrennt «spielen».
Um die Sache etwas zu erleichtern, darf der Darsteller mit den Fingern andeuten, wie viele Teile das Wort hat, und welchen Teil er gerade darstellen will. Nicht erlaubt ist, Gegenstände zu Hilfe zu nehmen. Wer «Stuhllehne» darstellen muss, kann also nicht einfach auf eine solche deuten. Um das Spiel nicht zu schwer zu machen, sollten die gesuchten Begriffe nur aus deutschen Wörtern zusammengesetzt sein und keine Namen enthalten.
Das Spiel ist «hinterhältig»: Wer das schwierigste Wort aufschreibt, zieht oft seinen eigenen Zettel...

BLINDHAUER

Gruppenübung
Erfahrungs- und Ausdrucksübung
Geringe bis mittlere Intensität
Gruppenalltag
Ganzer Körper
Hauptübung

Dieses Spiel heißt so aufgrund seiner zentralen Figur, einem blinden Bildhauer.

auch der «Ton» muss sie einnehmen können, ohne sich allzu sehr zu verbiegen. Der Künstler tastet nun sein Modell behutsam ab und formt dann den Ton zu einer Statue, die dem Modell exakt gleicht. Das Modell beurteilt, ob der Künstler eine genaue Nachbildung geschaffen hat. Die Statue darf nicht seitenverkehrt sein und auch Details wie die Kopfhaltung sollen stimmen.

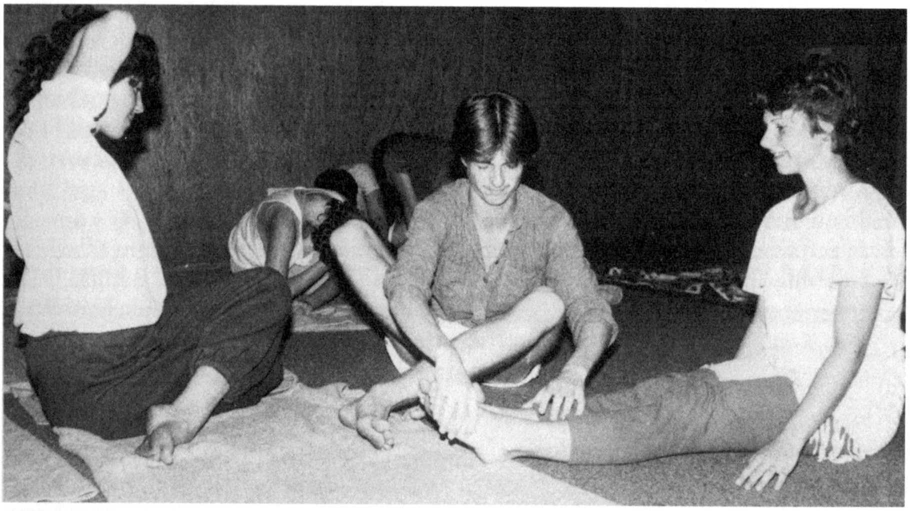

Abbildung 26

Teilt euch in Dreiergruppen auf. In jeder Gruppe gibt es einen Künstler, ein Modell und einen Klumpen Ton. Der Künstler schließt die Augen, schließlich ist er der Blindhauer. Befürchtet er, dass er die Augen nicht geschlossen halten kann, so könnt ihr sie verbinden. Auch der «Klumpen Ton» kann die Augen schließen. Das Modell, das die Augen offen hält, nimmt eine phantasievolle Pose ein. Je verschränkter die Arme und Beine, desto besser (Abb. 26). Allerdings muss diese Stellung eine Viertelstunde gehalten werden können und

Es folgen zwei weitere Vorschläge, wenn ihr eure Energie wieder loswerden wollt: «Arschaufdhöh» und «Sockenraub»:

ARSCHAUFDHÖH

Gruppenübung
Lebhafte Ausdrucksübung
Geringe Intensität
Anwärmen und Gruppenalltag
Ganzer Körper
Mittlere Länge

«Arschaufdhöhs» (Hochdeutsch «Hochdiepos», Einzahl «Hochderpo») sind bereits fast ausgestorbene Vögel, die nur noch in einem Gehege im Bayerischen Wald vorkommen. Genauso wie Sträuße können sie nicht fliegen. Sie würden auch gern den Kopf in den Sand stecken. Dafür sind ihre Hälse aber zu kurz. Es ist eine einzigartige Erfahrung, sich auf das «Körpergefühl» eines Arschaufdhöh einzulassen.
Dazu beugen wir uns vornüber und greifen mit den Händen an die Unterschenkel. Da die «Arschaufdhöhs» blind sind und sich nur auf das Gehör verlassen, schließen wir die Augen. Zu beachten ist noch, dass die Vögel nur rückwärts laufen und andauernd quaken.
Eine Hälfte der Gruppe spielt «Arschaufdhöh», die andere Hälfte ist Gehege. Das Gehege wurde errichtet, da die «Arschaufdhöhs» mit ihren großen Füßen immer zu Ostern die gleichnamigen Eier zertraten, blind wie sie sind. Da unsere Vögel natürlich lieber frei durch den Bayerischen Wald trampeln und außerdem Ostern schon vorbei ist (es sei denn, ihr spielt gerade zu Ostern), versuchen sie zu entkommen.
Das «Gehege» will sie sanft zurückhalten. An einer Stelle ist aber eine Lücke. Und der erste «Arschaufdhöh», der es geschafft hat, die Lücke zu finden, quakt noch viel lauter, um den anderen die Richtung zu zeigen. Wenn alle entkommen sind, ist das Spiel aus.[19]

SOCKENRAUB

Gruppenübung
Ausdrucksübung (Tobespiel)
Geringe Intensität
Gruppenalltag
Ganzer Körper
Mittlere Länge

Sockenraub ist ein recht kriegerisches Spiel. Gerade deshalb muss es sehr rücksichtsvoll gespielt werden. Wer Spaß daran hat, seine Aggressionen auszuleben, soll es spielen und sich diesen Spaß nicht verderben lassen. Wer keine Lust dazu hat, sollte zum Mitspielen weder gezwungen noch überredet werden, den anderen das Spiel aber auch nicht madig machen. Rücksichtnahme und Vorsicht sollten an erster Stelle stehen.
Die Spielregeln sind einfach. Jeder Spieler hat zu Beginn ein Paar Socken an. Wer keine mehr anhat, scheidet aus. Was alles ist verboten, was erlaubt? Erlaubt ist Geruchsabwehr (Taktik der schwitzenden Füße), ebenso die «partielle Fußbekleidung» (Taktik der löchrigen Socken). Verboten sind dagegen Strumpfhosen und Kniestrümpfe (alle Strümpfe und Socken müssen bis zu den Knöcheln heruntergerollt werden), verboten ist auch, geraubte Socken wieder anzuziehen. Um Verletzungen zu vermeiden, wird nur im Knien oder Sitzen gespielt, und es darf nicht getreten

werden. Spielt auf weichem Untergrund (Vorsicht: bei Kunststoffteppichböden besteht Verbrennungsgefahr), legt Schmuck, Uhren und Brillen ab und beachtet die Stopp-Regel: Wer sich bedroht fühlt oder Angst vor einer Verletzung hat, ruft «Stopp». Alle anderen Spieler wiederholen den Ruf, bis das Spiel zum Stillstand kommt.[20]

15. GEBEN UND NEHMEN – WEITERE PARTNERÜBUNGEN UND MASSAGEN

In diesem Abschnitt geht es wieder weitaus ruhiger zu. Im Mittelpunkt stehen Geben und Nehmen. Beides kann schwierig sein. Und beides ist Quelle für schöne und wichtige Erfahrungen. Vor allem, weil immer mindestens zwei dazu nötig sind. Bevor wir mit «Halten» und «Sich fallen lassen» beginnen, möchte ich noch einige Bemerkungen zum Thema «Paare in der Gruppe» machen.
Soll der Gruppenleiter Paare einteilen? Wenn ja, nach welchen Kriterien? Wenn nein, was macht er dann mit Pärchen, die wie Kletten aneinander hängen? Auf diese Fragen gibt es keine Antwort, die allgemeingültig ist und auf alle Gruppensituationen passt. Ich kann nur sagen, wie ich es mache. Ich teile Gruppen fast nie ein, auch nicht Paargruppen. Da ich davon ausgehe, dass jeder für sein Lernen selbst verantwortlich ist, überlasse ich ihm auch die Partnersuche für Paarübungen. Manche sind am Anfang unsicher und machen deshalb die ersten Übungen gern mit jemandem, der ihnen vertraut ist. Andere suchen sich für Übungen, die ihnen schwer fallen, gern jemanden, den sie kennen. Fast alle wagen aber irgendwann das kleine Abenteuer, auch tiefer gehende Übungen mit eher fremden Menschen zu probieren.
Ich stelle nur klar, dass jeder für seine Entscheidung voll verantwortlich ist und sich nicht zu beschweren braucht, wenn er immer mit denselben, den «Uninteressanten», den Personen seines Geschlechts usw. zu tun hatte. Oft ist dieses Spiel mit dem Wagnis sehr aufschlussreich dafür, wie wir Beziehungen eingehen. Ob wir auf andere zugehen oder warten, bis jemand kommt. Oder warten, wer übrig bleibt (und uns nicht ablehnen kann).

SICH FALLEN LASSEN

Paarübung
Erfahrungsübung
Mittlere Intensität
Gruppenalltag
Ganzer Körper
Mittlere Länge

Vielen Menschen fällt es sehr schwer, sich fallen zu lassen. Im direkten wie im übertragenen Sinne. Dieses «Sichfallenlassen» und das Vertrauen, das dazu nötig ist, können bei einer kleinen Übung ausprobiert und vielleicht auch ein wenig geübt werden.
Der Übende steht, die Beine ziemlich eng beieinander und die Augen geschlossen. Sein Partner steht hinter ihm. Der Übende beginnt nun, langsam nach vorn und hinten zu schwanken. Er schaukelt allmählich stärker und probiert aus, wie es ihm geht, wenn er immer mehr auf die Grenze zusteuert, an der er nach hinten umkippt. Er soll sich dabei ruhig Zeit lassen. Irgendwann überschreitet er

die Grenze und kippt nach hinten. Dabei bleibt er möglichst gestreckt. Sein Partner fängt ihn auf (Abb. 27). Er hat dabei große Verantwortung. Er darf den Übenden auf keinen Fall auf den Boden fallen lassen. Sonst hat

Abbildung 27

dieser eine Erfahrung gemacht, die es ihm sehr erschweren kann, jemals wieder größeres Vertrauen aufzubauen. Wichtig ist, den Übenden bei den ersten Versuchen sehr früh abzufangen. Langsam kann dann die Fallhöhe gesteigert werden. Der fangende Partner darf sich dabei aber nie überschätzen.

Ihr könnt einen Ton vereinbaren oder ein Wort, das der Übende von sich gibt, wenn er kippt. Dann ist die Gefahr sehr gering, dass der Fänger den Moment übersieht.

VERTRAUENSKREIS

Gruppenübung
Erfahrungsübung
Mittlere Intensität
Gruppenalltag
Ganzer Körper
Mittlere Länge

In der Jugendarbeit bereits weit verbreitet ist eine ähnliche Übung, der «Vertrauenskreis». Hier steht der Übende in der Mitte und etwa acht bis zwölf Menschen um ihn im Kreis. Er lässt sich mit geschlossenen Augen in irgendeine Richtung fallen und wird von seinen Mitspielern wieder «aufgestellt» oder «weitergereicht». Auch diese Übung verlangt einiges an Verantwortung von der Gruppe und sollte nur langsam gesteigert werden. Wichtig ist, dass der Übende aufrecht bleibt und nicht geschubst, sondern nur wieder aufgestellt wird.

STAGEDIVING RÜCKWÄRTS

Gruppenübung
Erfahrungsübung
Mittlere Intensität
Gruppenalltag
Ganzer Körper
Mittlere Länge

Für die letzte Übung gibt es eine spektakulärere Variante, die allerdings sehr sorgfältig und konzentriert durchgeführt werden muss. Auch wenn es bei bisher etwa hundert Gruppen, mit denen ich diese Übung gemacht habe, nie einen Unfall gab, garantiere ich nicht dafür, dass sie gefahrlos ist. Einschließlich Leiter sind mindestens zehn Personen nötig.

Auf einen stabilen Tisch wird ein Stuhl gestellt. Die Teilnehmer bilden davor zwei Reihen zu mindestens je vier, höchstens sechs Teilnehmern, die sich im Abstand von etwa einem dreiviertel Meter gegenüberstehen. Die kräftigsten Teilnehmer sollten in der Mitte stehen, am zweiten und dritten Platz, schwächere am Rand, an den Plätzen eins und vier. Die beiden Reihen stehen Schulter an Schulter, die Unterarme sind nach vorne gestreckt, die Hände nach oben offen. Es ist nicht nötig und auch nicht empfehlenswert, dass sich die Teilnehmer an den Händen fassen. Brillen und dicke Armreifen oder Uhren werden am besten abgenommen.
Ein Teilnehmer stellt sich nun auf den Stuhl mit dem Rücken zur Gruppe. Der Leiter hält den Stuhl fest, damit er nicht verrutschen kann. Er gibt in etwa folgende Anleitung an den Teilnehmer auf dem Stuhl:
Stell dich auf den Stuhl, die Fersen etwa an der Kante. Du hast jetzt die Möglichkeit, Erfahrungen mit deiner Vertrauensgrenze zu machen. Wenn du willst, kannst du dich rückwärts fallen lassen, und die Gruppe fängt dich auf. Dafür sind aber einige Vorbereitungen nötig. Zuerst fragst du die Gruppe: «Seid ihr bereit?» Wenn sie bereit ist, antwortet sie mit «Ja, wir sind bereit.» Dann hast du die Möglichkeit zu fallen. Folgendes ist dabei wichtig: Verschränke die Arme vor deiner Brust und lasse sie beim Fallen dort, damit du niemanden schlägst. Mach dich steif, damit du nicht abknickst. Das erreichst du am besten, indem du die Pobacken zusammenkneifst. Und sage beim Fallen «Ich komme», damit die Gruppe auf alle Fälle mit ihrer Aufmerksamkeit bei dir ist.
Wenn du merkst, dass du im Moment nicht das Vertrauen hast, dich fallen zu lassen, dann komm wieder vom Tisch herunter.

Hier noch einige weitere Hinweise:
Nach dem Fall stellt die Gruppe die Person wieder auf die Füße.
Wenn sich ein Teilnehmer nicht vom Stuhl fallen lässt, ist eine sehr schöne Möglichkeit, ihm anzubieten, dass er sich auf dem Boden stehend nach hinten kippen lässt und ihn die Gruppe dabei auffängt. Dann kann er zumindest spüren, wie es ist, wenn die anderen Teilnehmer ihn halten.
Solltet ihr euch noch nicht absolut sicher sein, dass der Fallende gehalten wird, legt eine Matte, Matratze oder mehrere Decken unter.
Achtet immer wieder auf volle Konzentration. Das meiste Gewicht bekommen die Fänger an der zweiten Position ab, wenn die Fallenden abknicken. Wenn sie ganz gerade kippen, dann müssen die Leute an der dritten und vierten Stelle am meisten halten. Es ist also wichtig, dass alle konzentriert sind.
Wir haben bisher in Erwachsenengruppen Personen bis 100 Kilogramm Körpergewicht aufgefangen. Darüber wird es für mich grenzwertig.
Eine Variante, die man anfügen kann, wenn die Gruppe Spaß daran hat, ist klassisches «Stagediving», indem man sich nach vorne kippen lässt.

NUR FLIEGEN IST SCHÖNER

Gruppenübung
Erfahrungsübung
Geringe Intensität
Gruppenalltag
Ganzer Körper
Mittlere Länge

Fliegen ist eine wunderschöne Erfahrung, vor allem für Menschen, die viel mit der Erdenschwere zu kämpfen haben.
Derjenige, der fliegen darf, legt sich mit dem Rücken auf den Boden oder auf eine Decke. Die Anweisung richtet sich an die Gruppe:

Die Leichtigkeit des Fliegens ist noch besser spürbar, wenn wir zuerst die Schwerkraft deutlich wahrnehmen. Deshalb legt eure Hände auf unseren zukünftigen Flieger und macht ihn ein wenig schwerer, indem ihr ihn etwas zu Boden drückt...

Abbildung 28

Nun greift unter seinen Körper und hebt ihn gleichmäßig hoch, bis ihr alle steht. Schaukelt ihn ein wenig hin und her, damit er das Gefühl genießen kann, von der Gruppe getragen zu werden... (Abb. 28)
Nun lassen wir ihn fliegen. Hebt ihn bei Eins etwas hoch, bei Zwei noch höher und bei Drei werft ihn gemeinsam hoch. Seid beim ersten Versuch vorsichtig und setzt nicht eure volle Kraft ein. Eins, zwei, drei...
Nun lassen wir ihn höher fliegen. Eins, zwei, drei...
Und jetzt den absoluten Höhenflug. Eins, zwei, drei... (Abb. 29)
Nun lassen wir ihn sanft nach unten schaukeln und legen ihn wieder auf dem Boden ab.
Vorsicht: es ist möglich, den Teilnehmer weitaus höher zu werfen, als man zuerst annimmt! Deshalb ist große Achtsamkeit wichtig.

Abbildung 29

Eine Alternative zum Hochwerfen ist, den Teilnehmer auf den Bauch zu drehen und dann mit gestreckten Armen nach oben zu halten.

ICH SEHE WAS, WAS DU NICHT SIEHST

Paarübung
Erfahrungsübung
Mittlere Intensität
Große Vertrautheit
Kopf
Hauptübung

Unsere gegenseitige Wahrnehmung steht im Mittelpunkt.

Bei dieser Übung sind wir uns gegenseitig Spiegel. Sie gibt uns Aufschluss darüber, wie unser Gesicht auf einen anderen Menschen wirkt. Wir können dabei unsere Wahrnehmung schulen und gleichzeitig den Unterschied üben zwischen Wahrnehmung, Beobachtung auf der einen, Interpretation und Phantasie auf der anderen Seite.
Geht bitte langsam, ohne zu sprechen, im Raum umher. Bei dieser Übung werden wir uns auf das Gesicht konzentrieren. Schau dir die Gesichter der anderen Menschen hier im Raum an. Was siehst du? Wie wirkt das, was du siehst, auf dich?...
Suche dir ein Gesicht, das dich besonders interessiert. Wenn dieser Mensch die Übung mit dir machen will, dann setzt euch gegenüber und seht euch an...
Ich erkläre jetzt die Spielregeln: Einer von euch fängt damit an, dass er eine Beobachtung mitteilt, die er im Gesicht des Partners macht. Er beginnt dabei mit den Worten: Ich sehe. Zum Beispiel: «Ich sehe, dass du lange Wimpern hast.» Oder: «Ich sehe, dass deine Augen unruhig umherwandern.» Wenn ihr wollt, könnt ihr noch einen zweiten Satz hinzufügen, der mit den Worten beginnt: «Und das macht auf mich den Eindruck, dass...» Ein Beispiel: «Ich sehe, dass deine Augen umherwandern. Und das macht auf mich den Eindruck, dass du unsicher bist.» Unterscheidet genau zwischen Wahrnehmung, Beobachtung, also dem, was ihr tatsächlich seht, und dem, was dies bei euch auslöst, eurem Gefühl dabei, eurer Phantasie. Wenn ihr euren Satz oder eure zwei Sätze gesagt habt, wiederholt euer Partner diesen Satz oder diese Sätze. Zum Beispiel: «Du siehst, dass meine Augen unruhig umherwandern. Und das macht auf dich den Eindruck, dass ich unsicher bin.» Er nimmt sich ein wenig Zeit, nachzuspüren, wie diese Aussage auf ihn wirkt, und gibt dann seinerseits eine Beobachtung und vielleicht eine Phantasie dazu bekannt.
Beginnt jetzt bitte. (Wenn du merkst, dass der Unterschied zwischen Beobachtung und Interpretation nicht klar ist, erkläre ihn noch genauer.) Der Satz: «Ich sehe, dass du glücklich bist», gilt bei diesem Experiment nicht. Dies ist eine Interpretation. Zuerst muss die Beobachtung kommen. «Ich sehe, dass dein Gesicht entspannt ist und deine Augen strahlen. Das macht auf mich den Eindruck, dass du glücklich bist.» Versucht, so viele Wahrnehmungen wie möglich mitzuteilen. Gebt nicht zu schnell auf, weil ihr meint, dass euch nichts mehr auf- oder einfällt...
Wenn ihr euch gegenseitig alles gesagt habt, was euch im Gesicht des Partners aufgefallen ist und ihr diese Aussagen alle aufgenommen habt,

dann sprecht darüber, wie es euch bei dieser Übung gegangen ist, was eure Gefühle waren. Anschließend bilden wir eine Runde.

Eine sehr schöne Ergänzung der Übung ist, wenn du jedem Teilnehmer einen Spiegel zur Verfügung stellst, mit dem er die Beobachtungen seines Partners mit der eigenen Wahrnehmung vergleichen kann.

KÖRPERDIAGNOSE-SPIEL

Paarübung
Erfahrungsübung
Geringe bis mittlere Intensität
Gruppenalltag
Ganzer Körper
Hauptübung

Bei dieser Partnerübung kann ein wenig die Körperwahrnehmung geübt werden. Gleichzeitig wird das «Übertragungs-Problem» (Projektion) sichtbar gemacht. Leichter fällt diese Übung, wenn die Teilnehmer Kleidung tragen, welche die Körperkonturen nicht verdeckt.

Sucht euch bitte einen Partner, mit dem ihr eine kleine Körperübung machen wollt… Entscheidet euch, wer zuerst aktiv und wer zuerst passiv sein will…
Der passive Partner steht möglichst entspannt und schließt die Augen. Der aktive Partner sieht sich nun den passiven genau an… Schau dir den Partner von den Zehen bis zum Scheitel an. Wie steht dein Partner? Sind die Füße parallel, die Knie entspannt oder durchgedrückt? Ist sein Becken, sein Unterleib entspannt? Wo siehst du deinen Partner atmen? Sind die Schultern entspannt oder nach vorne oder oben gezogen? Sind die Schultern gleich hoch? Wie sitzt der Kopf auf dem Körper?…
Überlege nun, an welcher Stelle dein Partner am meisten verspannt ist…
Lege jetzt eine Hand auf diesen Punkt. Versuche, deine Energie, deinen Atem an diese Stelle zu schicken. Lade dich beim Einatmen mit Energie auf und schicke beim Ausatmen deinen Atem, deine Energie durch deinen Arm und deine Hand in die verspannte Region deines Partners. Vielleicht kannst du die Energie als Wärme spüren. Wenn nicht, stell dir den Energiefluss vor…
Nun nimm deine Hand wieder weg…
Tauscht die Rollen… (Wiederhole die Anweisungen.)
Ich möchte, dass mir jeder von euch folgende Frage beantwortet: Ihr habt jeder bei eurem Partner eine Stelle gefunden, von der ihr dachtet, dass sie verspannt ist. Überlegt bitte, ob auch ihr selbst an dieser Stelle öfters verspannt seid. Ja? (Wahrscheinlich wird die überwiegende Mehrheit mit «Ja» antworten.) Es ist ganz natürlich, dass wir etwas, das wir von uns selbst kennen, eher wahrnehmen oder auch auf andere übertragen. Aber es ist gut, das zu wissen.

HANDAUFLEGEN

Paarübung
Meditative Erfahrungsübung
Mittlere Intensität
Gruppenalltag
Ganzer Körper
Hauptübung

Diese Übung mag ich sehr gern. Sie zeigt, dass wir alle Kräfte haben, von denen wir nichts wissen oder auch nichts wissen wollen. Und sie zeigt, dass wir uns mit einfachen Mitteln viel geben können.

Der passive Partner legt sich auf den Boden, die Beine nebeneinander, die Arme neben dem Körper, die Augen geschlossen. Der aktive Partner setzt sich an seine Seite. Er soll so bequem wie möglich sitzen und auch die Augen schließen. Beide Partner versuchen, sich so weit zu entspannen, wie es willentlich möglich ist. Dazu kann es hilfreich sein, sich auf den eigenen Atem zu konzentrieren, vor allem auf den Ausatem; den Einatem einfach von selbst kommen zu lassen; verspannte Körperteile kurz anzuspannen und dann loszulassen.
(Wenn die Teilnehmer genügend entspannt sind:) Die folgenden Anweisungen gelten für den passiven, liegenden Partner: Spüre in deinem Körper nach, wo ein Punkt ist, der sich verspannt oder unangenehm anfühlt, vielleicht schmerzt. Gibt es mehrere solche Stellen, so suche dir die unangenehmste heraus...
Jetzt lege, wenn es dir möglich ist, eine Hand auf diese Stelle...
Versuche nun, über deine Hand Energie in deinen Körper fließen zu lassen. Du kannst dir dazu vorstellen, dass beim Ausatmen dein Atem durch deinen Arm und deine Hand an diese Körperstelle fließt... Vielleicht spürst du die Energie. Wenn nicht, dann versuche, dir den Energie- oder Atemfluss vorzustellen...
Falls du nichts dagegen hast, wird dein Partner jetzt seine Hand anstatt deiner eigenen auf die Stelle legen. Falls du es nicht willst, sage oder zeige es ihm.
Was ich jetzt sage, gilt für den Sitzenden: Wenn dein Partner nichts dagegen hat, dann lege langsam eine deiner Hände an die Stelle der Hand deines Partners. Versuche entspannt zu bleiben.
Stell dir nun vor, dass du dich bei jedem Einatmen mit Energie auflädst und dass du diese Energie mit jedem Ausatmen in die unangenehme, verspannte Stelle deines Partners schickst. Atme dazu langsam und tief. Konzentriere dich ganz auf diesen Energiefluss...
Fühlt beide, was an der Stelle, an der ihr euch berührt, passiert... (Nach einigen Minuten:) Spürt beide genau, was geschieht, wenn der sitzende Partner jetzt langsam seine Hand wegnimmt... Kommt langsam wieder in den Raum zurück. Macht erst kleine Bewegungen, schließt zum Beispiel eure Hände zu einer Faust und öffnet sie wieder. Dreht den Kopf hin und her. Macht die Augen auf. Ihr könnt ruhig noch etwas liegen oder sitzen bleiben. Steht dann mit allen Vieren auf und erzählt eurem Partner, was ihr erlebt habt.

In diesem Buch ist des Öfteren von «Energie» die Rede. An dieser Stelle möchte ich deshalb einen kleinen Exkurs dazu einfügen. Es ist sehr schwer zu sagen, worum es sich bei dieser Energie handelt. Da sie leicht fühlbar ist, gehe ich davon aus, dass sie existiert. Bei einem kleinen Experiment kannst auch du sie spüren. Reibe deine Handflächen richtig heiß und bringe sie dann in einen Abstand von ein paar Zentimetern zueinander. Mit etwas Konzentration kannst du eine Kraft spüren, die zwischen deinen Händen wirkt.

Bei einigen Übungen in diesem Buch kannst du einen Energiefluss in deinem Körper fühlen (z. B. «Handauflegen»). In allen östlichen Systemen der Körperarbeit und Körpertherapie spielen nach meinem Wissen Vorstellungen von einer «Lebenskraft» eine große Rolle. Im Yoga spricht man von «Prana». Diese Energie wird vor allem mit dem Atem aufgenommen, und es ist ein zentrales Ziel des Yoga, den Körper von Blockaden zu befreien, um dieses Prana frei fließen zu lassen. Chinesische und japanische Körpertherapiesysteme wie Akupressur und -punktur oder Shiatsu gehen von einer Lebenskraft aus, die in Meridianen durch den Körper fließt. Stockt dieser Fluss oder ist er nicht im Gleichgewicht, so führt dies zu Krankheit.

Aber auch westliche Therapeuten und Forscher sprechen von einer Lebensenergie. Wilhelm Reich entdeckte eine biologisch wirksame Energieform, die er «Orgon-Energie» nannte.[21] Mit dem Energiefeld, das «Aura» genannt wird, fotografierbar und messbar ist und dessen Form und Stärke stark mit dem körperlichen Zustand zusammenhängt, experimentieren zahlreiche Forscher. Ein solches Kraftfeld ist übrigens allen Körpern, sogar anorganischen, gemeinsam.

Weitere Begriffe, die in diesem Zusammenhang gebraucht werden, sind «Ätherleib», «feinstofflicher Körper» und «Astralleib». Diese Begriffe beschreiben einen Energiekörper, der mit dem physischen Körper in Wechselwirkung steht.[22]

Fraglich ist, ob es sich bei all diesen Phänomenen um ein und dieselbe Sache handelt. Manches Mal, wenn «Energie» im Körper spürbar ist, handelt es sich wohl nur um eine Intensivierung des Blutkreislaufs. Ein anderes Mal um Vorgänge, die physiologisch direkt mit der Atmung zusammenhängen. Einige weitere Phänomene sind aber rein physiologisch schwer zu erklären und reichen in Gebiete, die bisher naturwissenschaftlich kaum erforscht sind.

Zum Abschluss dieses Kapitels über «Geben und Nehmen» möchte ich zwei Massagen beschreiben, eine Massage des Gesichts und eine der Beine und Füße. Auch Rückenmassage, Brust-, Bauch- und Ganzkörpermassage wären sehr reizvoll. Aber ehrlich gesagt: So gerne ich Massagen gebe, so ungern beschreibe ich sie. Massage, wie ich sie mache, ist auch nicht so sehr verschieden von der Massage George Downings. Und er hat sich die Mühe schon gemacht, sie zu beschreiben.[23]

Als Beispiel also: das Gesicht und die Beine. Vorher aber noch einige notwendige Anmerkungen: Es gibt so viele Arten sanfter Massagen, wie es Menschen gibt, die sie praktizieren. In Gruppen mache ich die Massage nur einmal vor, erkläre einiges dazu und lasse die Teilnehmer dann experimentieren. Denn viel wichtiger als die Technik ist dabei, dass der Masseur Kontakt zu sich und seinem Partner hat und seine Hände sprechen lässt, seinen Händen vertraut. Nimm deshalb die folgende Anleitung auch nur als «Krücke» für die ersten Versuche. Wenn du dich tiefer in die Massage einarbeiten willst, empfehle ich den Besuch von Kursen für Sanfte Massage.

ROLLMASSAGE

Paarübung
Erfahrungsübung
Mittlere Intensität
Gruppenalltag
Ganzer Körper
Hauptübung

Diese Übung ist ebenso einfach wie wirkungsvoll. Sie kann einen sehr tiefen Entspannungszustand hervorrufen, wenn sie mit Achtsamkeit und Einfühlungsvermögen ausgeführt wird. Da es für diese Massage-Übung nicht nötig ist, sich auszuziehen, kann sie auch problemlos in weniger vertrauten Gruppen eingesetzt werden. Wer zuerst in den Genuss der Massage kommt, legt sich auf den Bauch, auf eine Matte oder bequeme Decke. Die Anweisung richtet sich an den aktiven Partner:

Setz dich neben das rechte Bein deines Partners. Lass mit dem Ausatmen los. Diese Massage ist für dein Gegenüber nur angenehm und entspannend, wenn du selbst locker und entspannt bist. Leg die linke Hand auf die Ferse deines Partners und beginne, das Bein behutsam zu rollen. Die rechte Hand kann auf dem Unterschenkel liegen und die Bewegung unterstützen. Nimm wahr, bei welcher Geschwindigkeit des Rollens das Bein mühelos folgt. Lass die rechte Hand langsam nach oben auf den Oberschenkel wandern und fahre damit fort, das Bein hin und her zu rollen… (Abb. 30)

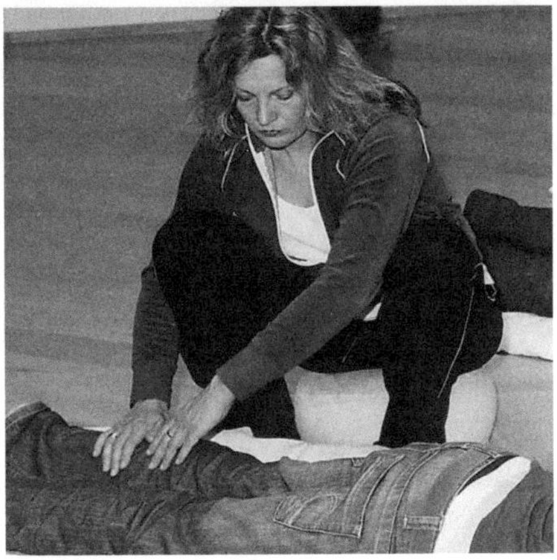

Abbildung 30

Nach dem rechten Bein folgt das linke in der gleichen Art und Weise… Nun setz dich neben den Rumpf deines Partners und lege die linke Hand auf den unteren Rücken, die rechte auf den oberen Rücken unterhalb der Schulterblätter. Rolle den gesamten Körper behutsam und fließend hin und her…

Nun bewege den rechten Arm... Und jetzt den linken...
Bitte nun deinen Partner, sich auf den Rücken zu legen. Geh an sein Kopfende und rolle den Kopf achtsam und fließend nach rechts und links...(s. u.)

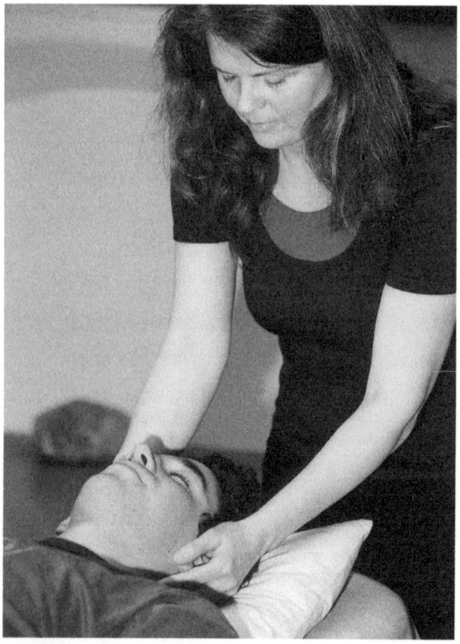

Abbildung 31

Wechsle nun an seine linke Seite, lege deine linke Hand auf seinen Bauch, die rechte auf die Brust und schaukle den Körper hin und her... (Abb. 32)
Achte darauf, dass das Schaukeln mühelos ist und der Körper deines Partners wie eine Saite schwingt. Das ist dann möglich, wenn du dich ganz auf seinen Körper einstellst.
Nun rolle wieder nacheinander das rechte und das linke Bein...
Geh ans Fußende. Nimm beide Zehenballen in deine Hände und bewege sie gleichzeitig nach links und rechts. Findest du die richtige Frequenz, schwingt der ganze Körper deines Partners...

Nun «streife» deinen Partner «ab». Beginne am Scheitel und streife einmal über den Kopf, die Schultern, die Arme und Hände und über die Finger hinaus. Dann beginne wieder am Scheitel, streife über den Rumpf und die Beine und über die Zehen hinaus.

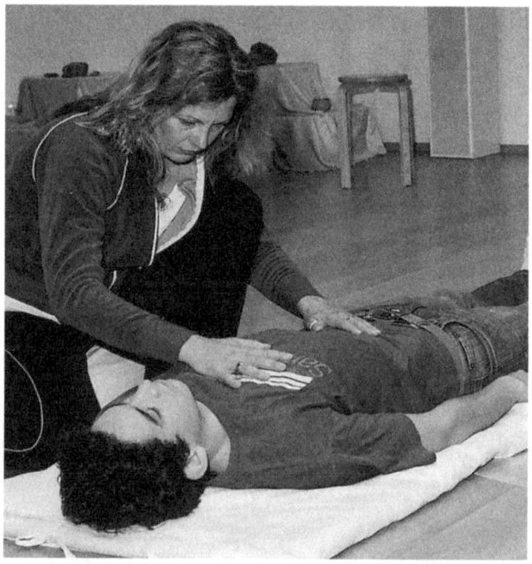

Abbildung 32

ENERGIEAUSGLEICH GEGEN KOPFSCHMERZEN

Paarübung
Entspannungsübung
Mittlere Intensität
Gruppenalltag
Kopf und Nacken
Mittlere Länge

Diese kleine Energieausgleichsübung lindert in den meisten Fällen Kopfschmerzen, die durch Verspannungen entstehen.[24]

Reibe deine Hände schnell aneinander, bis sie richtig warm werden. Halte dann die Handflächen gegeneinander und experimentiere mit dem Abstand. Wahrscheinlich kannst du die Energie zwischen den Handflächen spüren. Dann berühre den Nacken deines Partners sanft mit der rechten Handfläche. Deine linke Hand halte etwa zwei Zentimeter vor seiner Stirn (Abb. 33). Lass deinen

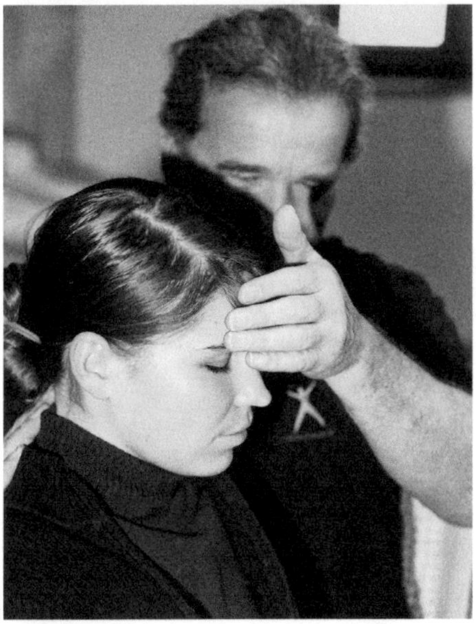

Abbildung 33

Partner zehn tiefe Atemzüge machen und jedes Mal mit einem Seufzer ausatmen. Sein tiefes Atmen verstärkt wahrscheinlich die Empfindung der Lebensenergie in deinen Händen. Sollte das nicht geschehen, lass ihn das Atmen wiederholen. Lass deine Hände so lange in dieser Haltung, bis du eine starke Energieübertragung gespürt hast. Innerhalb von etwa fünf Minuten werden sich die Kopfschmerzen merklich gebessert haben, wenn sie nicht ganz verschwunden sind. Schüttle deine Hände aus, als würdest du Wasser abschütteln und wasche sie, wenn möglich, mit kaltem Wasser. Dadurch wird statische Energie abgeleitet.

POLARITY-KREISLAUF

Gruppenübung
Entspannungsübung
Mittlere Intensität
Gruppenalltag
Ganzer Körper
Hauptübung

Diese sehr entspannende Übung wird von sechs Personen an einer siebten durchgeführt. Sie wirkt erst einmal etwas kompliziert, ist aber tatsächlich sehr einfach und kann auch von sechsjährigen Kindern verstanden werden.[25]

Derjenige, der die Behandlung erhält, liegt in der Mitte, auf dem Rücken. Für alle angenehm ist, wenn ein Massagetisch zur Verfügung steht. Die Übung kann aber auch am Boden gemacht werden.

Macht euch die Haltungen klar, bevor ihr mit dem Kreislauf beginnt:

1. Person – Du stehst oder sitzt am Kopfende und wiegst den Kopf des Passiven, ohne dabei Druck anzuwenden. Halte deine Hände entspannt. Zeige- und Mittelfinger fahren an den Seiten des Halses hinab, während der Daumen am Ohr liegen bleibt. Am besten ist, wenn du den Kopf kaum berührst (Abb. 34).

2. Person – Stell dich auf die rechte Seite in Höhe der Schultern. Lege deine linke Hand auf die Stirn und die rechte auf das untere Ende des Brustkorbes. Übe keinen Druck aus (Abb. 34).

3. Person – Stell dich ebenfalls auf die rechte Seite, in Höhe der Hüfte. Lege deine linke Hand auf die rechte Schulter des passiven Partners und die rechte Hand auf seinen linken Hüftknochen (Abb. 35).

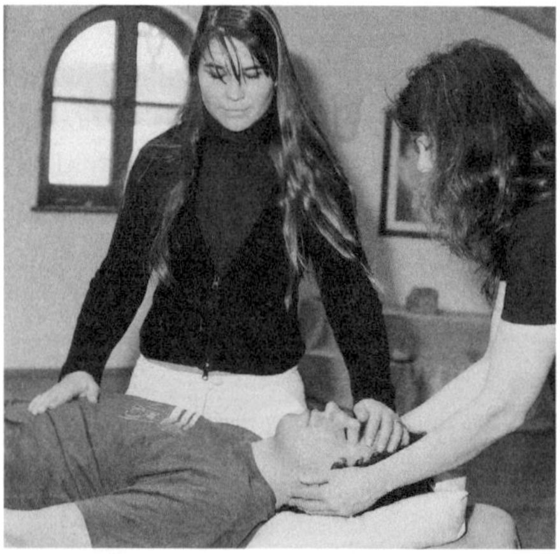

Abbildung 34

4. Person – Mache dasselbe wie die dritte Person spiegelverkehrt auf der linken Seite. Deine rechte Hand liegt auf der linken Schulter, die linke auf dem rechten Hüftknochen (Abb. 35).

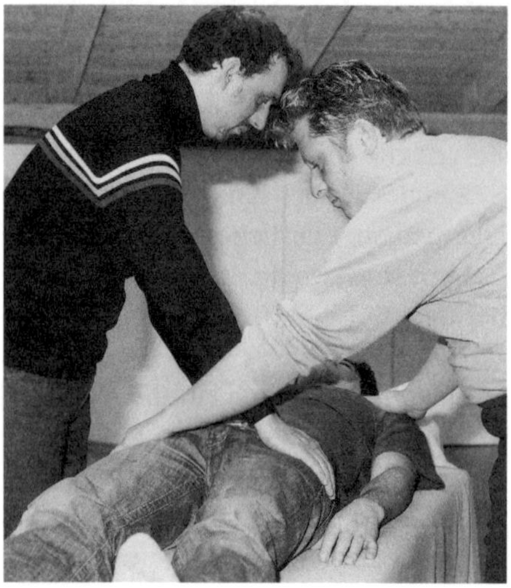

Abbildung 35

5. Person – Stell dich auf die rechte Seite in Höhe der Beine. Deine linke Hand hält die rechte Hand, deine rechte Hand das linke Bein, die Handfläche an der Fußsohle (Abb. 36).

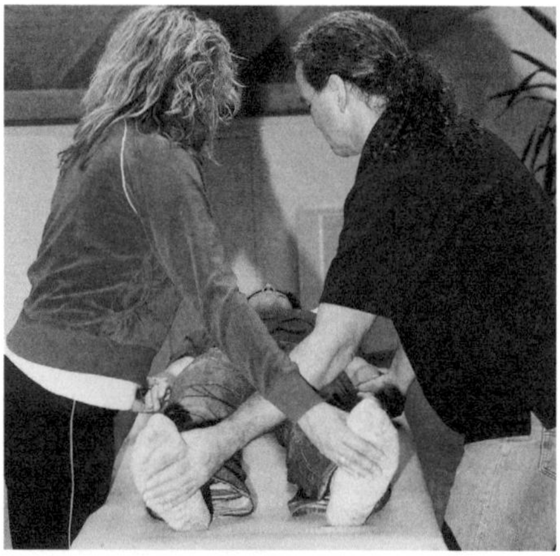

Abbildung 36

6. Person – Du spiegelst die 5. Person. Deine linke Hand hält den rechten Fuß, deine rechte Hand die linke Hand (Abb. 37).

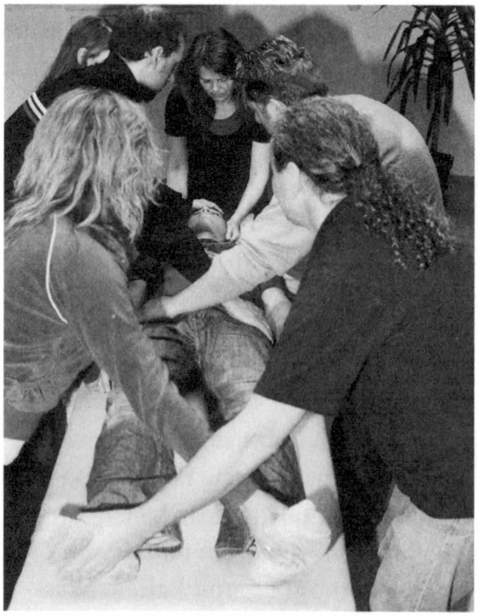

Abbildung 37

Lasst euren Freund sich entspannen. Er kann einige tiefe Atemzüge nehmen und bei jedem Ausatmen ein Stück mehr loslassen.
Reibt eure Hände kräftig aneinander. Dann haltet sie in einigen Zentimetern Entfernung gegen die eures Nachbarn, so dass sich die Handflächen einander zuwenden. Wenn ihr die Energie zwischen den Händen spürt, geht weiter.
Legt die Hände an die angegebenen Stellen und berührt nur denjenigen, der den Polarity-Kreislauf bekommt. Die unter euch, die an Position drei und vier stehen, wiegen die Hüfte des Empfangenden sanft und gleichmäßig. Schaukelt nicht die Schultern. Ihr könnt die entspannende Wirkung verstärken, indem ihr gemeinsam summt oder «OM» singt. Versucht eure Liebe auszusenden. Tut dies mindestens fünf Minuten (Abb. 37).
Beendet nun das Summen und Schaukeln, aber lasst eure Hände am Platz. Lasst sie so lange liegen, wie ihr die Lebensenergie stark spüren könnt. Wenn ihr sie nicht länger fühlt, ist ihre Aufgabe beendet.
Nehmt die Hände vom Körper weg und haltet sie in einem Abstand von drei bis fünfzehn Zentimetern über ihrem früheren Platz, in dem Abstand, in dem ihr die Energie am stärksten spürt. Ist die Kraft beinahe verschwunden, könnt ihr die Hände ganz wegnehmen.
Lasst denjenigen, der den Polarity-Kreislauf bekommen hat, ausruhen und bietet ihm ein großes Glas Wasser, Saft oder Kräutertee an. Schüttelt eure Hände aus, als würdet ihr Wasser abschütteln und wascht sie mit kaltem Wasser. Das erdet und entfernt statische Energie, die sich wie Schwere oder ein Gefühl des Geschwollenseins anfühlen kann.

GESICHTSMASSAGE

Paarübung
Erfahrungs- und Ausdrucksübung
Mittlere bis hohe Intensität
Gruppenalltag bis große Vertrautheit
Kopf, Hals
Hauptübung

Das Gesicht ist für viele Menschen ein sehr intimes Gebiet. Respekt ist hier also dringend erforderlich. Massiere vor allem im Gesicht sanft, aber sicher. Entwickle Gespür für das, was deine Fingerkuppen fühlen. Sei zärtlich, aber bestimmt. Massageöl ist beim Gesicht nicht nötig. Wasche dir vor der Massage die Hände. Der Partner, der massiert wird, liegt auf dem Rücken auf einer Decke, die Beine nebeneinander. Er versucht, sich zu entspannen. Der Masseur setzt sich ans Kopfende. Die folgenden Anweisungen gelten für ihn:

Setz dich so bequem wie möglich. Es ist wichtig, dass du entspannt bist, denn dein Zustand überträgt sich auf deinen Partner. Nimm erst Kontakt zu dir auf und dann zu deinem Partner. Dazu kannst du deine Hände zu beiden Seiten an den Kopf deines Partners legen. Falls deine Hände kalt sind, reibe sie warm.
Eine Möglichkeit ist, mit dem Nacken zu beginnen. Schiebe deine Hände ein Stück weit zwischen Wirbelsäule und Schulterblätter. Massiere die Muskel-

stränge, die parallel zur Wirbelsäule laufen, mit kleinen Kreisbewegungen der Finger, den Rücken und Nacken hinauf bis zu ihrem Ansatz am Schädel. Mach dies mehrere Male. Rolle dann den Kopf einige Male hin und her. Nimm den Kopf in beide Hände und hebe ihn hoch, schiebe ihn dann in Richtung Brust, bis du einen leichten Widerstand spürst. Drücke ihn noch etwa zwei Zentimeter weiter. Lege den Kopf in eine Hand und drehe ihn dabei auf die Seite. Massiere mit den Fingern der anderen Hand die Kopfhaut im Bereich der Haare mit Kreisbewegungen. Mach dies auch auf der anderen Seite. Lege den Kopf wieder auf den Boden.

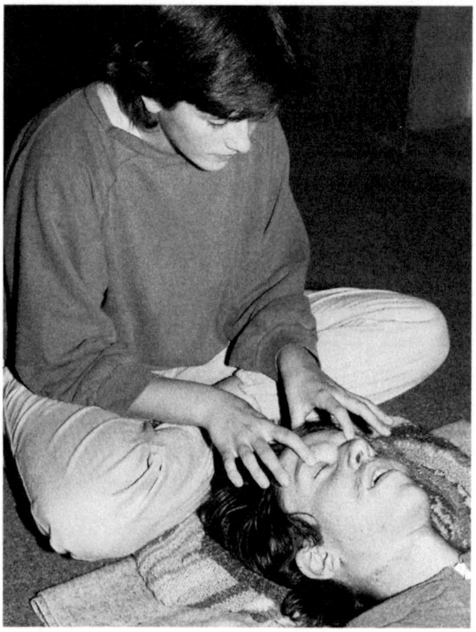

Abbildung 38

«Streife» die Haare «ab» (streife mit den Fingern größere Haarbüschel von der Haarwurzel zu den Haarspitzen ab und schüttle die Hände aus).
Beginne jetzt auf der Stirn mit kleinen Kreisbewegungen deiner Daumen. Fange am «Dritten Auge» (dem Punkt zwischen den Augenbrauen) an und massiere systematisch die gesamte Stirn, je eine Hälfte mit einem Daumen. Dann streife mit den Daumen gleichzeitig von der Stirnmitte über den Augenbrauen entlang zur Schläfe: mit dem linken Daumen nach links, mit dem rechten nach rechts. Jetzt setze die Daumen wieder in der Stirnmitte an, etwas weiter in Richtung Haaransatz, und streife wieder zu den Schläfen. Mach dies, bis du beim Haaransatz angekommen bist und die gesamte Stirn behandelt hast. Jetzt zu den Augen. Ich empfehle nicht, die Augen selbst zu massieren. Was du machen kannst, ist Folgendes: Lege deine Zeige- oder Mittelfinger links und rechts neben die Nasenwurzel auf die Fläche zwischen Lid und Augenbraue. Drücke diese Stellen leicht. Nach einigen Atemzügen rücke einen Finger breit weiter. Mach dies, bis deine Finger neben den Augen angelangt sind. Streiche dann einige Male sanft um die Augen herum. Eine schöne Idee ist es, die Handballen ganz heiß zu reiben und auf die Augen zu legen (Abb. 38).
Nun kannst du die Gegend der Wangen zuerst mit kleinen Kreisen und dann durch «Streifen» bearbeiten. Vergiss bei den Streichbewegungen die Nase nicht. Es ist schön, wenn du keinen Punkt des Gesichtes auslässt. Wenn dir ein Bereich des Gesichts verspannter vorkommt als andere, dann widme ihm mehr Zeit. Nie gelingt es uns aber, alle Verspannungen bei einer Massage abzubauen.
Nach der Nase und den Wangen kannst du die Mundregion massieren.

Mache dies sehr zart. Anschließend das Kinn. Etwas mehr Kraft verträgt die Kiefermuskulatur. Bei sehr vielen von uns sind die Beiß-Muskeln verkrampft (Beiß die Zähne zusammen!). Bei manchen Menschen lässt sich aber auch die Kiefermuskulatur durch Sanftheit und durch Energieübertragung (vgl. «Handauflegen») leicht lockern.
Wenn du alle Bereiche des Gesichts behandelt hast, am Schluss jeweils mit Streichbewegungen, kannst du die Massage beenden.
Schön ist folgender Abschluss: Lege deine Hände auf das Gesicht deines Partners. Halte ihm mit deinen kleinen Fingern leicht die Ohren zu.

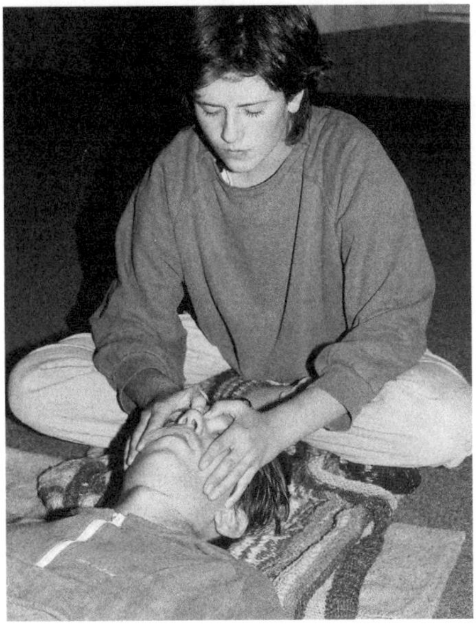

Abbildung 39

Wenn deine Hände groß genug sind, kannst du deine Daumenkuppen auf sein «Drittes Auge» legen und Energie dorthin schicken. Lass deine Hände mindestens eine Minute so – dein Partner wird es genießen. Hebe sie dann langsam ab und stell dir vor, dass du alle Spannung, die noch im Gesicht deines Partners ist, mit deinen Händen fortnimmst (Abb. 39). Schüttle die Hände am Schluss aus oder, besser noch, wasche sie. Dein Partner soll noch eine Weile liegen bleiben. Er kann sich auf die Seite rollen, wenn es für ihn so gemütlicher ist. Wenn es kühl ist, decke ihn zu.

Auf die Massage sollte immer ein Gespräch zwischen den Partnern folgen (Wie ging es mir? Was habe ich gefühlt? Was war besonders schön? Was hat mir nicht gefallen? Wie fühle ich mich jetzt? Das sind Fragen für beide!) und, wenn in der Gruppe massiert wurde, ein Rundgespräch (Blitzlicht).

BEIN- UND FUSSMASSAGE

Paarübung
Erfahrungs- und Ausdrucksübung
Mittlere bis hohe Intensität
Gruppenalltag bis große Vertrautheit
Beine, Füße
Hauptübung

An die Beine und Füße kannst du mit mehr Kraft herangehen, als ans Gesicht, wobei es besser ist, dein Gewicht einzusetzen als deine Muskelkraft. Aber dieselbe Massage kann für den einen viel zu zart sein, so dass er kaum etwas spürt, und für den anderen so schmerzhaft, dass er sich nicht entspannen kann. Dicke Muskelpakete wie die Oberschenkelmuskeln vertragen auch relativ viel, wogegen zum Beispiel die Region um die Knöchel sehr empfindlich ist.

Sage deinem Partner, solange du noch ungeübt bist, dass er dich darauf aufmerksam machen soll, wenn du ihm wehtust. (Eine einzelne Zehe könnte man eine Stunde lang massieren. Einen Fuß sowieso. Ich beschreibe dennoch eine Bein- und Fußmassage, weil es für den Anfänger einfacher ist, großflächiger zu massieren, und er dabei eher Erfolgserlebnisse hat.) Dein Partner liegt zuerst auf dem Bauch. Beine und Füße sind unbekleidet. Praktisch ist es, die Beine erst mit Massageöl einzureiben. Du kannst aber auch während der Massage immer wieder etwas Öl auf deine Hände tun und durch Reiben der Hände ein wenig erwärmen.

Setz dich entspannt zu den Füßen deines Partners und nimm Kontakt zu dir und deinem Partner auf. Du kannst dazu die Hände auf seine Füße legen. Setz oder knie dich dann zu seiner Seite in Höhe der Oberschenkel und massiere den Oberschenkel, der dir näher liegt. Nimm mit einer Hand die Innenseite des Beines und lege die andere an die Außenseite. Ziehe nun die erste Hand nach außen und führe die zweite nach innen. So, als würdest du das Bein «wringen». Mach dies nicht zu fest und achte auf die Haut zwischen deinen beiden Händen. Gleite mit dieser «wringenden» Bewegung einige Male den Oberschenkel hinauf und hinunter (Abb. 40). Lege dann eine Hand in die Kniekehle deines Partners und hebe mit der anderen langsam den Fuß hoch, so dass der Unterschenkel senkrecht steht. Bewege das Fußgelenk leicht in alle Richtungen. Klopfe dann die

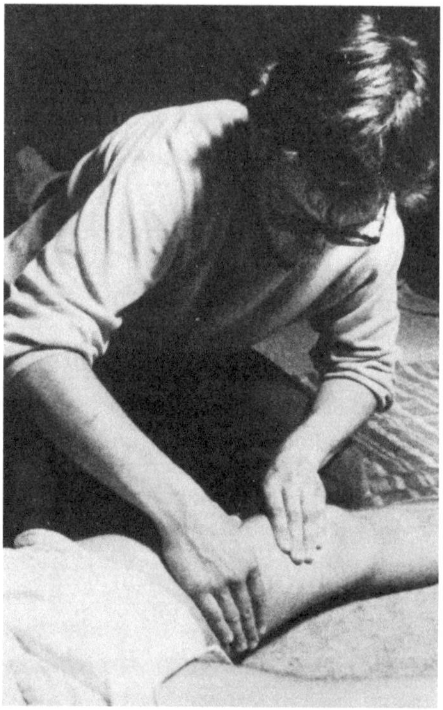

Abbildung 40

Unterschenkelmuskeln mit leichten, schnellen, federnden Schlägen. Lege das Bein wieder auf den Boden, wobei du es leicht in die Länge ziehst. Setz dich wieder ans Fußende und massiere die gesamte Fußsohle mit kleinen, aber relativ festen Kreisbewegungen des Daumens. (Allerdings nicht zu fest, da an den Fußsohlen Reflexpunkte unserer Organe liegen und gewisse Punkte sehr empfindlich sein können, wenn die entsprechenden Körperteile nicht gesund sind.[25]) Anschließend streiche mit dem Daumen die Sohle vom Fußballen zur Ferse in mehreren Streifen ab. Die Region um die Knöchel ist recht empfindlich (vor allem zwischen Knöchel und Ferse). Massiere sie innen und außen sehr sanft durch Kreisbewegungen.

Bring nun die Energie im gesamten Bein etwas mehr in Fluss. Streiche beim Einatmen mit den Fingerrücken das ganze Bein hinauf bis zum Po und beim Ausatmen mit den Handflächen wieder zurück bis zu den Zehen und mit einer Hand über die Zehen hinaus. Lass beim Zurückstreichen beide Hände ganz auf dem Bein aufliegen. Deine Hände sollten allen Konturen des Beines folgen und bei der Bewegung die ganze Rückseite der Beine berühren. Mach diese Streichbewegung mindestens ein halbes Dutzend Mal. (Es macht nichts, wenn die Synchronisation mit deinem Atem nicht klappt.)
Massiere nun das andere Bein genauso wie das erste. Nun soll sich dein Partner (langsam!) auf den Rücken drehen. Jetzt kannst du dir die Zehen vornehmen. Nimm eine Zehe des Fußes nach der anderen mit zwei Fingern und bewege sie. Drehe sie leicht, ziehe sie etwas, bewege sie rauf und runter, hin und her….

Steck dann nacheinander in jeden Zwischenraum zwischen den Zehen einen Finger und bewege ihn. Nun massiere die Oberseite des Fußes, den Rist, zuerst mit Kreis- und dann mit Streichbewegungen.
Schließlich bestreiche die ganze Vorderseite der Beine und Füße mit derselben Bewegung wie vorher die Rückseite. Streiche beim Einatmen von den Füßen ausgehend die Beine hinauf und streiche beim Ausatmen mit den ganzen Handflächen wieder zurück zu den Füßen und mit einer Hand sogar über die Zehen hinaus. Bei jedem «Streichen» kannst du dabei eine andere Zehe abstreichen.
Nun ist wieder in derselben Weise das andere Bein dran. Streiche zum Schluss beide Beine gleichzeitig ab und schüttle deine Hände aus.
Decke deinen Partner zu. Er soll noch eine Weile liegen bleiben und «nachfühlen». Er kann sich dazu auch auf die Seite drehen. Und wenn er noch etwas «menschliche» Wärme braucht und du sie ihm geben magst, nur zu!

16. WIE UND WO ES WEITERGEHEN KANN

Jetzt sind wir fast am Ende des Buches angelangt. Vielleicht interessiert dich, wie und wo du weitermachen kannst. Es gibt viele Arten, sich mit seinem Körper zu beschäftigen. Je nach Ziel, Anspruch, Bedürfnissen und Voraussetzungen kann die eine oder andere besser sein.

Was in diesem Buch beschrieben ist, bedeutet letztlich nur einen Einstieg. Wer diese Übungen macht, wird aber vielleicht auf den Geschmack kommen und feststellen, welche Art der Körperarbeit ihm am meisten liegt. Einerseits wäre es zwar oft sehr erfolgversprechend, gerade die Körperarbeit zu intensivieren, mit der wir am wenigsten klarkommen, weil gerade da unsere Probleme liegen, andererseits soll Körperarbeit auch Spaß machen. Und es ist nicht einfach, vor allem nicht ohne die Unterstützung einer Gruppe, sich konsequent mit seinem Körper zu beschäftigen.

Ich möchte im Folgenden einige Systeme der Körperarbeit kurz beschreiben, die in diesem Buch angesprochen worden sind und einige Literaturhinweise anfügen. Dies für jeden, der sich spezialisieren will oder weiterbilden möchte.

Eine Anmerkung noch: Fast alle Übungen in diesem Buch sind nicht zum einmaligen Gebrauch bestimmt. Viele zeigen ihre eigentliche Qualität erst, wenn man sie regelmäßig wiederholt. Lege also dieses Buch nicht zu schnell aus der Hand.

Zuerst zu Hatha-Yoga, dem «Königsweg» der ernsthaften Arbeit am eigenen Körper. Die verschiedenen Körperhaltungen des Yoga (Asanas) dienen dazu, den Körper von Verspannungen und Energieblockaden zu reinigen, um damit der Einheit von Körper und Geist den Weg freizumachen zur «Erleuchtung», zur Gotteserfahrung.

Im Westen hat sich Yoga vor allem als System der Gesundheitsvorsorge eingebürgert. Die Übungen bewirken, dass der Mensch seinen Körper psychisch und somatisch besser erlebt. Die «Grenzen» bei den Stellungen (der Punkt, wo es wehtut), sind die Lehrmeister, die zeigen, wie sich die Körper-Geist-Einheit befindet. Durch die bessere Wahrnehmung des Körpers, das intensivere «Körpergefühl», nimmt die Neigung ab, sich mit physischen oder psychischen Giften zu belasten.

Falls du gezielt an dir arbeiten willst, empfehle ich Yoga sehr. In diesem Buch wurden nur wenige Yoga-Übungen oder Abwandlungen davon beschrieben, da es bereits sehr gute Yoga-Lehrbücher gibt[26]. Außerdem lernt man Yoga am besten bei einem Lehrer. Ich selbst lege in diesem Buch den Schwerpunkt mehr auf spielerische und kommunikative Körperarbeit. Übrigens halte ich es für problemlos, einfachere Übungen aus dem Yoga «zweckentfremdet», ohne den philosophischen Hintergrund, zu verwenden. Die Übungen sind ja auch im Yoga nicht Kern des Systems, sondern Mittel zum Zweck. Nur sollte man dann nicht behaupten, Yoga zu machen, sondern allenfalls, Übungen aus dem Yoga zu verwenden.

Es gibt auch ein sehr effektives westliches Gegenstück zu den Yoga-Übungen: die Methoden der Körperarbeit von Moshe Feldenkrais. Zu seinem Übungsbuch «Bewusstheit durch Bewegung» [27] gibt es übrigens zwölf Lektionen auf Tonkassette [28], bearbeitet von Fritz Wurm, die ich recht gut finde, und die problemlos in Jugendarbeit und Erwachsenenbildung einsetzbar sind.

Nun zu einer ganz anderen Seite, den «New Games». Die Bücher der New Games Foundation [29] sind eine wahre Fundgrube für Körperlichkeit. Obwohl es bei den «Neuen Spielen» eigentlich nur um den Spaß an der Sache geht, bieten viele von ihnen doch zahlreiche Lern- und Experimentiermöglichkeiten zur Körpererfahrung. Vor allem, wer lebhaftere Ausdrucksspiele, Spiele zum Toben usw. sucht, ist dort an der richtigen Adresse. Immer, wenn ich das Gefühl habe, jetzt «muss Dampf raus», jetzt ist Auflockerung nötig, oder jetzt «darf gelacht werden», setze ich «Neue Spiele» ein.

Zur sanften Massage (Soft-Massage, Partnermassage): Dies ist eine sehr schöne Methode, uns gegenseitig das zu geben, was wir brauchen. Geben und Nehmen sind dabei gleich wichtig. Die Erfahrung des eigenen Körpers und der Körperkontakt zu einem anderen Menschen können gleichzeitig erlebt werden.

Wer sich in die sanfte Massage einarbeiten will, ist gut beraten, Massage-Kurse zu besuchen. Das empfehlenswerteste Buch ist immer noch der Klassiker von G. Downing: «Partnermassage». [30]

Schließlich noch einige Bemerkungen zur «Bioenergetik». Sie ist ein Körpertherapiesystem und vor allem durch die Bücher Alexander Lowens sehr bekannt geworden. [31] Ihre Ursprünge, wie die der meisten humanistischen Körpertherapie-Konzepte, gehen auf die Arbeit Wilhelm Reichs zurück. Dieser geniale Forscher und Therapeut erweiterte die Psychoanalyse durch die direkte «Körperarbeit», um den «Charakterpanzer», die psychisch-physische Abwehrhaltung der Patienten durchzuarbeiten. [32]

Die Bioenergetik ist eine Weiterentwicklung der Reich'schen Arbeit. Auch die Bioenergetik-Übungen haben zum Ziel, verspannte Muskelpartien zu lockern, um dadurch zu unterbewusstem Material, zu Traumata oder anderen unverarbeiteten Erfahrungen vorzudringen.

Daneben entwickelten die Bioenergetik-Therapeuten aber auch viele Übungen, die den Energiefluss allgemein verbessern, den Körperkontakt vertiefen und Haltung und Ausdrucksmöglichkeiten des Körpers optimieren. Da die von mir geschilderte Arbeit keine Therapie ist, habe ich nur Übungen aus dem zweiten Bereich übernommen. Bioenergetik kann nicht nur für den «Kranken» im landläufigen Sinne sehr hilfreich sein, sondern mehr noch für jeden «Normalen», seine Blockaden in Körper, Denken und Handeln abzubauen, freier und authentischer zu werden.

17. ABSCHIEDS-ÜBUNGEN

Zu guter Letzt noch drei Abschieds-Übungen. Alle drei können «unter die Haut» gehen. Die erste macht eher traurig, lässt den Abschiedsschmerz spüren, die beiden anderen machen eher fröhlich, da jeder noch etwas Schönes mit nach Hause bekommt.

LOBPRASSELN

Gruppenübung
Erfahrungsübung
Mittlere Intensität
Abschied
Hauptübung

In dieser Abschiedsübung bekommt jedes Gruppenmitglied noch einmal das, was wir alle so dringend brauchen: Aufmerksamkeit und Wertschätzung.
Die Gruppenmitglieder stehen im Kreis um eine Wolldecke, die auf dem Boden liegt. Ein Teilnehmer nach dem anderen legt sich auf diese Decke. Die Gruppe hat nun eine Minute Zeit, dieser Person schöne Dinge zu sagen. Dann ist der Nächste an der Reihe.
Der Leiter kann den Teilnehmer, der gerade sein positives Feedback bekommt, auffordern, tiefer zu atmen, da viele die Luft anhalten, um aufkommende Gefühle zu unterdrücken. Und das wäre schade.

BLICKKONTAKT

Gruppenübung
Erfahrungsübung
Mittlere bis hohe Intensität
Abschied
Hauptübung

Zu dieser Übung, die besonders für den Abschied geeignet ist (abgewandelt natürlich auch für andere Situationen), brauchen wir als Hilfsmittel je einen Spiegel für etwa zehn Teilnehmer.

Geht langsam, ohne zu reden im Raum umher. Versucht, euch zu entspannen und auf eure Gefühle zu konzentrieren…
Ich möchte, dass ihr euch von jedem hier im Raum verabschiedet. Sucht euch einen Partner, stellt oder setzt euch ihm gegenüber auf den Boden. Blickt einander in die Augen. Sagt nichts. Konzentriert euch auf folgende drei Fragen: Was fühle ich, wenn ich dir in die Augen schaue? Was habe ich von dir bekommen? Was werde ich von dir mitnehmen? Wenn ihr euch trennen könnt, dann verabschiedet euch so, wie ihr euch von diesem Menschen gern verabschiedet und geht weiter…
Wenn ihr eine Pause braucht, dann seht aus dem Fenster, setzt euch in

eine Ecke und macht die Augen zu oder tut sonst etwas, was ihr mögt... Geht irgendwann zum Spiegel, seht euch selbst in die Augen und spürt nach: Was fühle ich, wenn ich dir in die Augen schaue? Was habe ich von dir bekommen? Was nehme ich von dir mit nach Hause? (Wiederhole die Fragen mehrmals während der Übung.)
(Wenn alle zum Ende gelangt sind:) Ich möchte, dass wir uns alle im Kreis aufstellen, uns die Hände geben und einige Sekunden schweigen.

ICH MAG MICH

Gruppenübung
Erfahrungs- und Ausdrucksübung
Mittlere Intensität
Abschied
Hauptübung

Diese Übung gehört eigentlich nicht in diesen Band, da sie nicht direkt mit Körpererfahrung zu tun hat (außer, dass es einem heiß dabei werden kann). Ich möchte sie dir aber trotzdem nicht vorenthalten, da sie den Abschied ein wenig versüßt.

Alle Gruppenmitglieder (auch der Leiter) bekommen einen Zettel (ca. DIN A4) auf den Rücken geklebt und einen Filzstift in die Hand. Die Spielregel ist nun, dass jeder jedem, dem er gerne etwas mitteilen will, dies auf dessen Zettel schreibt. Erlaubt ist nur Positives. Zum Beispiel: «Ich freue mich, dich kennen gelernt zu haben.» oder «Du hast wunderschöne blaue Augen.» Verboten ist zum Beispiel: «Du Miststück». Streitfälle, wie: «Du hast die schönsten Segelfliegerohren, die ich kenne», oder: «Du bist mir aber ein Lauser», lassen wir gelten. Die Mitteilungen dürfen aber ruhig auch etwas subtiler sein... Wichtig ist, den Teilnehmern frühzeitig zu sagen, dass sie den Zettel erst auf Anweisung abnehmen dürfen.
Wenn die Schreibaktionen abgeschlossen sind, setzen sich alle in einen Kreis. Der Mutigste (oder Neugierigste) nimmt nun seinen Zettel ab und liest ihn vor. Aber (jetzt kommt der Trick!): Er muss alles in die Ich-Form übersetzen. Also: «Ich freue mich, mich kennen gelernt zu haben.» oder «Ich habe die schönsten Segelfliegerohren, die ich kenne.»
Jeder soll, nachdem er seinen Zettel verlesen hat, kurz sagen, wie es ihm damit geht. Es ist beileibe nicht einfach, so viel Gutes zu hören... Unterstütze die Teilnehmer ruhig etwas bei der schwierigen Aufgabe, die positiven Aussagen anzunehmen. Zu Hause, in der Schule, im Betrieb hören sie sicher oft genug das Gegenteil.

ANMERKUNGEN

1 Das Institut für Gestalt und Erfahrung in Wasserburg am Inn bietet Selbsterfahrungsseminare, darunter auch Körpererfahrungs-Seminare an. Das Programm ist kostenlos erhältlich bei: IGE, Franz Mittermair, Kormoranweg 23, 83512 Wasserburg, Tel. +49-(0)8071-103 480, E-Mail fm@heldenreise.de, www.heldenreise.de.

2 Vergleiche dazu u.a.: Lowen, Alexander: Bioenergetik als Körpertherapie. Der Verrat am Körper und wie er wiedergutzumachen ist, Reinbek 1999 (Rowohlt).

3 Kurtz, Ron/Prestera, Hector: Botschaften des Körpers, München 2005 (Kösel). Sehr interessant ist in diesem Zusammenhang auch das Buch von Dychtwald, Ken: Körperbewusstsein, Essen 1996 (Synthesis).

4 Vergleiche dazu u.a.: Masters, Robert/ Houston, Jean: Bewusstseinserweiterung über Körper und Geist, München 1986 (Kösel), besonders S. 53 ff.

5 Siehe Anmerkung 2.

6 Masters, Robert/Houston, Jean: Bewusstseinserweiterung über Körper und Geist, München 1986 (Kösel), S. 27.

7 Dürckheim, Karlfried Graf, zitiert nach Boden, Liselotte: Meditation und pädagogische Praxis, München 1978 (Kösel), S. 21.

8 Spitz, René/Cobliner, W. Godfrey: Vom Säugling zum Kleinkind, Stuttgart 2005 (Klett-Cotta).

9 Montagu, Ashley: Körperkontakt, Stuttgart 2004 (Klett-Cotta).

10 Vergleiche Bernstein, Saul/Lowy, Louis: Untersuchungen zur sozialen Gruppenarbeit, Freiburg im Breisgau 1982 (Lambertus).

11 Dieses Spiel ist eine leichte Abwandlung von «Hoppla, hier komm ich!»; vergleiche Fluegelman, Andrew: Die neuen Spiele 2, Mülheim a. d. Ruhr 2002 (Verlag an der Ruhr).

12 Fluegelman, Andrew/Tembeck, Shoshana: Die neuen Spiele, und Fluegelman, Andrew: Die neuen Spiele 2, beide Mülheim a. d. Ruhr 2002 (Verlag an der Ruhr).

13 Vergleiche dazu Dychtwald, Ken: Körperbewusstsein, Essen 1996 (Synthesis), S. 54 ff, S. 148 ff und 192 ff.

14 Leider sind schizoide und neurotische Tendenzen so weit verbreitet, dass es fast besser wäre, von «normal gestörten» statt von «normalen» Menschen zu sprechen. Was gesund ist, ist auch nicht unbedingt identisch mit dem, was in unserer Kultur als «normal» angesehen wird.

15 Damit soll aber nicht gesagt werden, dass sich nicht auch der Therapiebereich verändern sollte. Die oftmals tiefe Kluft zwischen den «Halbgöttern in Weiß» und den entmündigten Patienten ist unmenschlich. In vielen humanistischen Therapiesystemen wurde diese Kluft glücklicherweise bereits weitgehend abgebaut.

16 Vergleiche Kos, Kala: Die Huna Lehre, München 1999 (Goldmann).

17 Unter dem «Unbewussten» verstehe ich hier vor allem nicht bewusste psychodynamische Erfahrungen im Sinne von Stanislav Grof: Topographie des Unbewussten, Stuttgart 2002 (Klett-Cotta).
18 Vergleiche Fluegelman, Andrew: Die neuen Spiele 2, a. a. O., S. 77.
19 Vergleiche Fluegelman, Andrew: Die neuen Spiele 2, a. a. O., S. 129.
20 Ebenda., S. 11 ff.
21 Vergleiche Reich, Wilhelm: Die Funktion des Orgasmus, Köln 1987 (KIWI) und: Die Entdeckung des Orgons/Der Krebs, Köln 1994 (KIWI).
22 Vergleiche dazu beispielsweise Vishnu-Devananda, Swami: Das große illustrierte Yoga-Buch, Bielefeld 2005 (Kamphausen), und verschiedene Schriften von Konrad Steiner.
23 Vergleiche Downing, George: Partnermassage, München 2001 (Goldmann).
24 Vergleiche Gordon, Richard: Quantum Touch. Mit den Händen heilen, München 2005 (Goldmann).
25 Siehe Anmerkung 23.
26 Folgende Yoga-Lehrbücher empfehle ich: Für den Einstieg ist das Buch von Hoare, Sophy: Yoga. Geschichte, Philosophie und ein komplettes Übungsprogramm, Ravensburg (1988) gut geeignet. Für die fortgeschrittene Auseinandersetzung ist das Werk von Iyengar, B. K. S.: Licht auf Yoga, Frankfurt 2005 (Scherz), empfehlenswert. Es zeichnet sich durch sehr detaillierte Beschreibung der Übungen aus, ist aber nicht gerade billig. Eine gute Abhandlung der philosophischen Hintergründe des Yoga findet sich in Vishnu-Devananda, Swami: Das große illustrierte Yoga-Buch, Kamphausen (2005).
27 Feldenkrais, Moshe: Bewusstheit durch Bewegung, Frankfurt 2004 (Suhrkamp).
28 Die Feldenkrais-Kassetten sind unter dem Titel «Der aufrechte Gang. 12 Lektionen», zu beziehen bei: Franz Wurm, Via Orelli 16, CH 8064 Zürich.
29 Siehe Anmerkung 12.
30 Downing, George: Partnermassage, München 2001 (Goldmann). Eine kleine Anmerkung dazu: Sicher ist, wie Downing meint, Massage nackt am schönsten. Wichtig ist aber auch, die Gruppenmitglieder und die Toleranz der Umgebung (Kurshaus usw.) nicht zu überfordern. In Badekleidung geht's auch...
31 Alexander Lowen verfasste zahlreiche Bücher. Neben den bereits zitierten (Anmerkungen 2 und 5) möchte ich folgende Werke erwähnen: Lust. Der Weg zum kreativen Leben, München 1994; Liebe und Orgasmus, München 1993); Angst vor dem Leben, München 2002 (alle bei Goldmann). Das einzige ausgesprochene Übungsbuch ist Lowen, Alexander/ Lowen, Leslie: Bioenergetik für Jeden, München 2003 (Kirchheim).
32 Vergleiche dazu die sehr lesenswerte Biografie von David Boadella: Wilhelm Reich. Pionier des neuen Denkens, München 1998 (Droemer Knaur).

SUCHHILFE FÜR DIE RICHTIGE ÜBUNG IM RICHTIGEN MOMENTT

Lockerungsübungen

Ausdrucksübungen

Kennenlernspiele

Anwärmspiele und -übungen

Abschiedsspiele

Übungen mittlerer Länge (20-60 Min.)

Hauptübungen (länger als 60 Min.)

Mehr für Ihre Arbeit in Gruppen

iskopress

Klaus W. Vopel
Power-Pausen
Leichter lernen durch Bewegung
183 Seiten, Paperback
ISBN 3-89403-156-5

Klaus W. Vopel
Meditationen für Jugendliche
206 Seiten, Paperback
ISBN 3-89403-155-7

Klaus W. Vopel
Gruppenrituale
Die Kunst, mit dem Herzen zu sehen
116 Seiten, Paperback
ISBN 3-89403-097-6

Für nähere Informationen fordern Sie bitte unser Gesamtverzeichnis an:

iskopress
Postfach 1263
21373 Salzhausen
Tel.: 04172/7653
Fax.: 04172/6355
E-Mail: iskopress@iskopress.de
Internet: www.iskopress.de